穿行诗与思的边界

Kapitalismus
und Todestrieb

Byung-Chul Han

资本主义
与死亡驱力

[德]韩炳哲 著

李明瑶 译 毛竹 校

中信出版集团 | 北京

图书在版编目（CIP）数据

资本主义与死亡驱力 / (德) 韩炳哲著；李明瑶译
. -- 北京：中信出版社，2023.8
ISBN 978-7-5217-5384-4

I. ①资⋯ II. ①韩⋯ ②李⋯ III. ①资本主义－研
究 IV. ① D091.5

中国国家版本馆 CIP 数据核字（2023）第 110221 号

资本主义与死亡驱力

著者： [德] 韩炳哲
译者： 李明瑶
校者： 毛　竹
出版发行：中信出版集团股份有限公司
　　　　（北京市朝阳区东三环北路 27 号嘉铭中心　邮编　100020）
承印者：　嘉业印刷（天津）有限公司

开本：787mm×1092mm　1/32　　印张：4.75　　字数：79 千字
版次：2023 年 8 月第 1 版　　　印次：2023 年 8 月第 1 次印刷
京权图字：01-2022-6322　　　　书号：ISBN 978-7-5217-5384-4
定价：58.00 元

目　录

资本主义与死亡驱力 *

Kapitalismus und Todestrieb

如今我们所说的增长，实际上是一种漫无目的的癌式扩散。我们正在经历一场生产和增长的迷狂，如同死亡幻觉一般。它伪装生机勃勃，掩藏着迫近的致命性灾难。生产越来越趋同于毁灭。"人类的自我异化已经达到一种能将自身的毁灭当作审美快感来体验的程度。"瓦尔特·本雅明对法西斯主义的评价，同样适用于今天的资本主义。

面对人类的毁灭狂热，阿图尔·施尼茨勒（Arthur Schnitzler）将人类比作细菌，人类历史的发展进程如同一种致命的传染病，增长和自我毁灭合而为一："或许可以设想，对于某种我们在其中发现了自身存在的条件、必要性和意义，但

---

* 本文首次发表于本书。

无法完全理解的高等有机体，人类相当于一种疾病；这种疾病试图摧毁那个有机体，而且随着它的进一步发展，势必要将其摧毁，就像细菌试图消灭'患病'的人类个体。"[1] 人类严重丧失了辨识力，只能认清较低等的秩序，面对更高级的秩序时则像细菌一样盲目。因此，可以将人类历史视作一场"与神性的永恒斗争"，神性"必然会被人类消灭"。

　　弗洛伊德应该会完全赞同施尼茨勒的悲观主义论点。他在《文明及其不满》中写道：人类具有"残忍的攻击性"，是"不懂得关心同类的凶恶的野兽"[2]。人类会毁灭自己。弗洛伊德虽然也讨论理性的作用，不否认它有能力认识更高级的秩序，但人类终归为本能所支配。他认为，死本能（Todestrieb）¹导致了人类的攻击性倾向。在《文明及其不满》完成仅几个月后就爆发了世界经济危机，这在当时可以为弗洛伊德提供充分的理由认为，资本主义是一种最能表现残暴的人充分发挥其攻击性的经济形态。

　　鉴于资本主义的破坏性，将资本主义与弗洛伊德的死本

1　该词有多种译法，常见的还有"死亡驱力""死亡欲力""死亡驱动""死亡冲动"等，均来自弗洛伊德使用的德语概念 Todestrieb 及其不同的英译（如 Death Instinct, Death Drive）。本文将这一概念译作"死本能"，与"生本能"相对；有时根据语境也译作"死亡驱力"。（本书脚注均为译者注）

能联系起来似乎是合理的。2015 年在《查理周刊》办公地遭遇恐袭时丧生的法国经济学家贝尔纳·马里斯（Bernard Maris），在其研究报告《资本主义和死亡驱力》中写道："资本主义的极度狡诈之处在于，它引导毁灭力量即死本能的走向，并使其转向增长。"[3] 根据马里斯的论点，资本主义利用死本能达到自己的目的，这是其致命的问题。随着时间的推移，它的破坏力占据上风，使生命无力招架。

　　然而，弗洛伊德的死本能确实可以解释资本主义的毁灭性进程吗？抑或资本主义受控于弗氏理论之外的一种完全不同的死本能？弗洛伊德对死本能的解释立足于纯粹的生物学基础上。他推测，"某个时候，在一种无法想象的力量的作用下，无生命的物质产生了生命的属性。……从前没有生命的物质在具有了生命之后，产生了一种回归原始状态的紧张情绪"，于是在生命体中形成了回归无生命状态的欲望，死本能由此出现："一切生命的终极目标是死亡。反过来说：无生命的事物先于有生命的事物存在。"[1][4] 死本能使一切生命主体沦为"死亡的追随者"。生本能（Lebenstriebe）没有

1　译文引自弗洛伊德：《自我与本我》，徐胤译，天津人民出版社，2020 年，第 62 页。

自己的目标。自我保存欲望和权力欲望也只是一些部分欲望，其作用只是"确保有机体能够按照自己的方式走向死亡，而将其他回归无机状态的非既定可能性排除在外"[5]。每个有机体都只想以自己的方式死亡，因此它们竭力抗拒外来影响，"而这些影响反倒能帮它们抄近道，尽快实现终极目标"[6]。生命不过是有机体自身的向死而生（Sein zum Tod）。死本能的观念显然对弗洛伊德产生了持久的吸引力。尽管最初有过犹疑，他还是坚持了这个思想："认为存在死本能或破坏性本能的假设在精神分析领域内也遇到了反对。……在此发展出的观点只是我最初尝试性地提出来的，但随着时间的推移，这些概念已经彻底占据了我的思想，我再也无法以其他方式进行思考。"[7]

　　弗洛伊德执着于死本能论的原因可能在于，它可以解释人类的毁灭性驱力。死本能作用于生命体内部，使其消解。弗洛伊德将这种死亡过程解释为一种积极的自我毁灭。因此，死本能最初表现为自我攻击（Autoaggression）。只有生本能，即爱欲（Eros），才能确保死本能指向外部。外部攻击（Fremdaggression）防止生命体遭受自我毁灭："这个本能（亦即死本能）自身将会被迫为爱欲服务，因为有机体破坏了其他一些有生命或无生命的事物，而不是毁灭其自身。相反，对指向外部的这种攻击性加以限制，必将加强自我毁灭的作用，而自我毁灭在任何情况下都是在不断发生的。"[1][8]

弗洛伊德在论述死本能时，没有区分人和其他生物。死本能是每个生命体所固有的，是该生命体返回无生命状态的欲望。弗洛伊德将攻击性溯源至死本能，从而将两种完全不同的冲动联系起来。有机体内消除紧张状态并最终死亡的固有倾向，并不一定意味着破坏力。如果我们将死本能理解为生命力的逐渐衰弱，则无法从中推导出任何毁灭性的驱力。此外，由于死本能为所有生命体所固有，所以它不能解释人类攻击性的特殊之处。然而，人类极具攻击性，相当凶残，其盲目的破坏狂热是其他生物所不可及的。弗洛伊德认为，自恋也源自死本能："在施虐狂中，死本能扭曲了性欲的目的，使之屈从于它自己的意图，同时还完全满足爱欲的需要。我们只有在施虐狂中才能最清楚地认识死本能的本质及其和爱欲的关系。但是，即使死本能没有任何性欲的目的，即使在最盲目的破坏性狂热中，我们也无法发现死本能的满

1　译文参照弗洛伊德：《一种幻想的未来 / 文明及其不满》，严志军、张沫译，上海人民出版社，2007 年，第 177 页。

足伴随着一种尤其强烈的自恋享受，这是因为它使自我实现了获得全能的溯源。"[1][9] 死本能，即每个生命体返回无生命状态的欲望，并不能解释自我在施虐暴力中获得的明显自恋的享受。为了解释虐待狂，必须假定有一种完全不同的毁灭性驱力。

根据马里斯的观点，资本主义的驱力是一种为增长服务的死亡驱力。但这并没有解释，是什么造成这种不合理的增长压力，导致资本主义具有如此强大的破坏性，又是什么迫使资本主义盲目追求积累。探究这些问题要从死亡入手。资本主义建立在对死亡的否定之上。积累资本是为了抵御死亡，抵御绝对意义上的失去。死亡造成强制性生产和增长。马里斯没有对死亡本身予以足够关注，即使弗洛伊德本人也没有专门针对它做阐释。将死本能看作对死的渴望（Todeswunsch），恰恰隐藏了那表现为恐惧的死亡。这主要是因为，弗洛伊德没有考虑到每个生命体都抵抗死亡的事实。值得注意的是，他认为，通过死本能的假设，"不必再考虑有机体不顾一切维持生命的神秘追求，它与一切都无法产生

1　译文引自弗洛伊德：《一种幻想的未来／文明及其不满》，严志军、张沫译，第 180 页。

关联"[1] [10]。因此，认为弗洛伊德关于死本能的思想归根结底体现了一种压抑死亡的无意识策略，也并非没有道理。[11]

具体到人类的攻击性——暴力（Gewalt），它与人类独有的死亡意识密切相关。暴力经济为一种积累的逻辑所支配。人施暴越多，就越自觉强大。积累的杀戮暴力（Tötungsgewalt）会产生一种增长、力量和权力的感觉，仿佛百毒不侵，永生不灭。人类在施虐暴力中获得的自恋享受正是源自这种力的增加。破坏可以克服死亡。人们通过毁灭性行为掌控死亡。杀戮暴力的增加意味着死亡的减少。核军备竞赛遵循的就是这种资本主义的暴力经济逻辑。毁灭力量的积累被认为是强大生存能力的体现。

远古的暴力经济表现在血亲复仇的螺旋式暴力中。在远古社会，死亡总是被视为暴力作用的结果，因此，即使"自然"死亡也会引发复仇。导致死亡的暴力会遭受反暴力（Gegengewalt）。每次死亡都会削弱被杀者所属群体的力量，于是这个群体也必须去杀人，以重建自身的权力感。血亲复仇不是报复，也不是惩罚，它不属于行凶者被追责的问题。

1　译文参照弗洛伊德：《自我与本我》，徐胤译，第 63 页。

惩罚是对报复的合理化，阻止了报复的雪崩式膨胀。与惩罚不同，血仇没有明确的指向性，这正是它的可怕之处，甚至还会发生无关之人也被复仇者杀死的情况。阿喀琉斯为给死去的好友帕特洛克罗斯复仇，不仅盲目进行杀戮，还容忍他人杀戮。被屠杀的不仅是敌人，还有大量的牲畜。

金钱从词源意义上指明了与献祭和狂热崇拜的关系。金钱原本就是人们用来获取祭祀品的交换手段。谁拥有的钱多，谁就等于有了无比强大的杀戮暴力："从金钱源于献祭的角度看，它就像冻结的鲜血祭品。挥霍金钱，让它流动，看着它流动，产生的效果类似于在战斗中或祭坛上的鲜血流动。"[12] 积累的金钱使其所有者具有捕食者的地位，使他对死亡产生免疫。从深层心理学的层面看来，这种凭借积累的毁灭力、凭借不断增长的资本财富来抵御死亡的古老信念依然奏效。

资本的积累逻辑与远古的暴力经济如出一辙。资本的行为就像现代版的玛那（Mana）。玛那指人通过杀戮获得的那种神秘的权力实体（Machtsubstanz）。人们积累它是为了制造出权力和无坚不摧的感觉："过去人们认为，战士的身体接收了所有被他杀死的敌人的玛那。……每杀死一个人，他的矛也随之增加了玛那。……为了直接吞并对方的玛那，他会吃掉对方的肉；为了将拼杀时增添的力量固定在自己身上……他把战败者的部分残肢当作战斗装备随身携带——一块骨头，一只干枯的手，有时甚至是整颗头颅。"[13] 资本积累产生的效果与玛那积累是一样的。资本增长相当于权力增加。资本越多则意味着死亡越少。积累资本是为了逃避死亡。资本也可以被理解为凝固的时间，无穷尽的资本制造出时间无穷尽的错觉。时间就是金钱。面对有限的人生，人们要积累时间资本。

沙米索（Chamisso）[1] 的中篇小说《彼得·施勒米尔奇遇记》（*Peter Schlemihls wundersame Geschichte*），可以当作一个资本主义经济寓言来读。施勒米尔把自己的影子卖给了魔鬼，换来了一袋取之不竭的金子。这个钱袋象征着无穷无尽的资本，与魔鬼做的交易其实是与资本主义达成的契约。无限的资本把代表着身体和死亡的影子变得杳无踪影。然而施勒米尔很快意识到，没有影子的生活是不可能的。他像个游魂一样在世界各地流浪。这个故事传达的寓意是：死亡是

1　全名阿德尔贝特·冯·沙米索（Adelbert von Chamisso），法裔德国诗人、博物学家。《彼得·施勒米尔奇遇记》（1813）是他最广为人知的文学作品。

生命的一部分。正如故事结尾的告诫："你，我的朋友，你要想活在人间，首要得学会敬畏你的影子，然后才是钱财。"

资本主义受困于死亡。对死亡的无意识恐惧驱使着它，死亡的威胁挟制资本主义不断积累和增长。这种胁迫性不仅带来生态上的灾难，也产生精神灾难。破坏性的绩效压力将自我确证和自我毁灭合而为一。人不断优化自我，直至死亡。肆无忌惮的自我剥削致使精神崩溃。残酷的竞争影响至恶，它产生一种对他人和自己无区别的感知钝化。

在资本主义社会中，死人和垂死之人越来越不可见，但死亡是不会消失的。比如说，如果工厂不存在了，就说明工作已无处不在；如果精神病院消失了，那是因为精神错乱已成为常态。死亡亦然。如果死者不可见，一种僵死状态就会将生命笼罩。生命僵化为生存（Überleben）："死亡一旦被压抑在生存中……生命本身就不过是一种通过死亡确定的生存。"[14]

将生与死割裂开是资本主义经济的根本特质，它创造了一种不死的生命（das untote Leben），一种活死人状态（Tod-im-Leben）。资本主义生产出一种自相矛盾的死亡驱力，因为它剥夺了活生生的生命。对永生不死的追求，使资本主义极具破坏性。绩效僵尸、健身僵尸、肉毒杆菌僵尸，这些都是活死人的典型形象。活死人是毫无生命活力的。唯有接纳死亡的生命才是真正的生命。健康癔症（Hysterie der Gesundheit）是资本本身的生命政治现象。

在努力追求永生不死的过程中，资本主义营造出了墓场（Nekropolen），这是清除了人类声音和气味的防腐的死亡空间。生命进程被转化为机械性的过程。人类生命对功能性的完全适应，已经成为一种死亡文化。绩效原则使人类越来越近似于机器，导致人的自我异化。数据主义和人工智能将思维模式化，思考变成了计算，生动的回忆被机器记忆取代。只有死人才会记得一切。服务器群组（Serverfarmen）是个死亡之地。我们为了生存下来，把自己活生生地埋葬；为了生存的希望，我们积累死的价值，即资本。充满生命的世界正被死的资本摧毁。这就是资本的死亡驱力。资本主义被一种恋尸癖主导着，它把生命变成了无生命物。一种致命的生存辩证法把生命变成了死亡，制造出活死人。埃里希·弗洛姆（Erich Fromm）描述过被恋尸癖支配的世界："世界变成了无生命的人造物的集合；从合成食物到人工器官，整个人成为一台大型机械的组件，这台机器既操控着他，同时也被他操控。……他渴望把制造机器人作为其技术思想的最大成就之一，而且有专家向我们保证，机器人与活生生的人几乎没有差别。当人类与机器人难以区分时，这一成就就不会显得那么惊人了。生命的世界已经成为一个'非生命'的世界，人已经成为'非人'——一个死亡的世界。象征死人的不再是气味刺鼻的排泄物或尸体。现在，死人的象征是干净、闪亮的机器。"[15] 不死的生命，活死人，是物化的、机械的生命。因此，只有以生命为代价才能实现永生不死。

资本主义体系排斥死亡，只能以死亡告终。鲍德里亚提出了一种独特的死亡驱力。他反对弗洛伊德的死本能，并将这一概念极端化为死亡反抗（Todesrevolte）："在一个强制人们活下去，强制人们把生命资本化的系统中，死亡驱力是唯一的选择。"[16] 死亡反抗以死相拼，攻破否定死亡的资本主义体系，迫使其与死亡进行象征性交换。在鲍德里亚看来，象征界（das Symbolische）是生和死尚未分离的领域，它与永生不死的想象（das Imaginäre）是对立的。死亡反抗设法使资本主义体系被象征性攻陷："任何人，甚至包括系统，都不能摆脱象征义务。正是在这一陷阱中，存在着系统发生灾难的唯一机会。……系统本身必须通过自杀来应对死

亡和自杀的多重挑战。"[1] [17]

在鲍德里亚提出的死亡反抗中，主角是形形色色的自杀者。他甚至认为恐怖主义具有一种颠覆性的潜能。但自杀式袭击者是以真实的死亡来对抗否定死亡的体系，其暴力杀戮并不能让这个体系与死亡进行象征性交换。恐怖主义不是资本主义体系的对立面，而是该体系本身的症候表现。自杀式袭击者的残暴和冷酷反映了资本主义社会的残暴和冷酷。而且，自杀式袭击者与生活在资本主义社会的普通人有相同的心理轨迹。他的自杀表现为一种自我生产（Selbst-Produktion）的形式，被想象成惊世的自拍。按下引爆炸弹的按钮就像按下相机的快门。自杀式袭击者知道，袭击发生后，他的照片会立即遍布媒体，继而他会获得之前错失的关注。自杀式袭击者是带着炸药的自恋者。因此，恐怖主义可以被理解为本真性（Authentizität）的最终形式。

死亡反抗无法从根本上撼动资本主义体系。我们需要的是另一种生命形式，它必须取消生与死的割裂，让生命再次参与到死亡之中。每一次政治革命都必须以意识革命为先

1　译文引自鲍德里亚：《象征交换与死亡》，车槿山译，译林出版社，2006年，第79页。

导，让死亡回归生命便是意识革命。这场意识革命应该让人们认识到，只有与死亡进行交换，生命才是有生命力的存在，对死亡的拒斥破坏了一切鲜活的当下："反抗死亡的斗争导致对过去和未来的过度关注，然而却失去了当下（即生命的时态）。"[18]

被理解为生物学上的生命终结的死亡，并不是唯一的或说唯一真实的死亡形态。死亡亦可被理解为一个持续的过程，在这个过程中，人在有生之年已逐渐失去自己，失去其同一性。如此一来，死亡在死之前就已开始了。主体的同一性比一成不变的名称所显示的同一性要复杂得多。主体总是不断地偏离自身。现代的死亡观念是基于生物机能的，这种生物机能观念将死亡限制在了最终停止运作的身体上。

巴塔耶把死亡理解为一种强烈的生命形态。死亡赋予生命以强度（Intensitäten）。它意味着充溢、过度、浪费、放纵、挥霍。从死亡中发散出的迷狂对情欲体验至关重要："如果爱情在我们体内不同于死亡，那它就不是爱情。"[19]巴塔耶在《色情》（*Die Erotik*）的开篇写道："色情，可以说是对生命的肯定，至死方休。"[20]相较于弗洛伊德把爱欲与死本能对立起来，巴塔耶则昭示出死亡与爱欲的密切关系：

生命冲动升华到极致，就会接近死亡冲动，但此死亡冲动不同于弗洛伊德的死本能，它是生命本身的表达。情欲（das Erotische）充当着生和死相互交换的媒介。代表充溢和挥霍的死亡表现了反经济原则，对资本主义体系具有颠覆性的作用：“在生命受价值和有用性支配的系统中，死亡成为无用的奢侈，成了唯一的替代办法。”[21]情欲是一种连续性的冒险，它打破了个体自我孤立的非连续性，而这种非连续性正是经济的基础。情欲使自我死亡。死亡是在他者中失去自我（Sich-Verlieren-im-Anderen），它终结了自恋。

资本主义的建立取决于反映在消费和生产中的需求及愿望。激情和强度让位于愉悦感和无结果的刺激。为符合消费和享受的公式，一切都被夷平了。痛苦等否定性事物统统被清除，取而代之的是需求满足的肯定性。死亡是全然否定性的。对生产的强制追求废除了否定性，连爱情都适配资本主义进程，萎缩成了性需求。他者沦落为自恋的主体满足自身欲望的性对象。不具备他性的他者只能被消费。

凭借对死亡的否定，资本主义继承了形而上学的衣钵，成为一种追求无限资本的唯物主义形而上学。甚至柏拉图也曾梦想过一座没有死人的城池。在他的理想国里，死者受到严重的歧视。《法律篇》(Nomoi)中写到，任何一块可耕地上都不应有坟墓。安置坟墓必须以不给生者带来不利为前提条件。只有为了排除假死的情况才能将死者留在屋内，且存放时间不能超过三天。柏拉图禁止生者与死亡进行任何象征性交换。死亡是要被驱除的，而死者却提醒了死亡的存在，于是死者被当作必须尽快清除的垃圾来对待。但如果生命对死亡如同对污物一般厌弃，生命必定会在自己的排泄物中窒息而亡。

阿多诺以一种"将未被贬低、未被拔高的死亡意识融入自身"[22]的思想，反驳了否认死亡的形而上学。我们必须意识到排斥死亡的严重性。人的意识是会死亡的。阿多诺清楚，生命若将死亡否定为纯粹的破坏物，那么生命本身也会发展出破坏性的特征，健康是一种资本的意识形态，甚至是一种疾病。生存癔症（Hysterie des Überlebens）使生命扭曲。阿多诺用被死亡的否定性刺激的"美"来反对凶险的不死生命的癌式生长："过于健康本身就是种疾病，治这种病唯一的药是让病人意识到它是一种对生命本身的抑制。美就是这样一种病，它既让生命停下脚步，也延缓了生命的衰朽。然而，如果是以生命为由拒绝疾病，那么具体的生活在与它的另一时刻的盲目分离中，就变成了毁灭与邪恶、傲慢与自夸。一个人憎恨破坏性，也必须憎恨生命：只有死亡是一种没有扭曲的生命的形象。"[1] [23] 生命即友善。能死去的生命是友善的。

　　尽管弗洛伊德与死亡有着矛盾的关系，但他完全意识到了生死和解的必然性。对死亡的无意识排斥必须让位于对死亡的自觉接纳："在现实中，在我们的观念里，给予死亡应有的地位，让我们迄今为止如此小心谨慎地压制在潜意识里的死亡不时显身，难道不是更好吗？这似乎不是一种进步，反倒像是某种程度的退步，某种回归；但它也有优点，即正确认识真相，让我们的生活变得好过。"[24] 肯定生命即肯定死亡。生命否定死亡，则意味着否定其自身。唯有让死亡回归生命的生命形态才能使我们摆脱永生不死的悖谬：我们过于活跃而不得死，过于僵滞而不得生。

1　译文引自阿多诺：《最低限度的道德：对受损生活的反思》，丛子钰译，上海人民出版社，2020 年，第 207 页。

为什么今天不可能发生革命？[*]

Warum heute keine Revolution möglich ist?

不久前在柏林邵宾纳剧院的一次辩论中，我和安东尼奥·奈格里（Antonio Negri）[1]对资本主义展开了批评，两种不同的观点发生了正面碰撞。奈格里对全球范围内抵抗"帝国"（Empire）、抵抗新自由主义统治体系的可能途径满怀热情。他以共产主义革命者自居，称我为怀疑派教授。他着重强调了"诸众"（Multitude）的力量，即彼此联结的抗议和革命群体，深信他们可以推翻帝国。然而在我看来，这位共产主义革命者的立场似乎过于天真，脱离现实。因此，我尝试向奈格里解释，为什么在今天这个时代不可能发生革命。

为什么新自由主义的统治体系如此稳固？为什么它如此

---

* 本文原载：*Süddeutsche Zeitung*, 3. September 2014.

1 意大利政治理论家、政治哲学家，斯宾诺莎研究者。

难以抗拒？为什么它能迅速驱散一切阻力？为什么在贫富差距日益加剧的今天依旧没有发生革命的可能？要解释这些问题，必须准确理解今天的权力和统治是如何运作的。

要建立一个新的统治体系，势必要消除阻力，对于新自由主义统治体系也是如此。为能让新统治体系立足，必然需要一种建制性权力（setzende Macht），它往往伴随着暴力。但这种权力与指向系统内部的稳定性权力（Stabilisierenden Macht）并不相同。众所周知，新自由主义的先驱之一玛格丽特·撒切尔（Margaret Thatcher）将工会视为"内部敌人"，并与之进行了激烈的斗争。然而，这种为推动新自由主义实现而进行的暴力干预，并不是维护系统稳定的权力。

在规训社会和工业社会中，系统保护权力是压制性（repressiv）的。工厂工人遭受工厂主的残酷剥削，这种他人剥削引发了工人的抗议和反抗。在这种情况下，有可能发生推翻现存生产关系的革命。在一个压制性的体系里，谁是压迫者，谁是被压迫者，清晰可辨；这里有一个具体的对立面，一个要推翻的可见的敌人。

新自由主义的统治体系则以完全不同的方式建构而成。其系统保护权力不再是压制性的，而是诱惑性的，也就是说它易于使人上当受骗。它不再像规训体系中的权力那样显而易见；不再有具体的对立面，不再有压制自由的敌人，也不再有抵抗的可能。

新自由主义把受压迫的工人塑造成自由的企业主，他们成了自己的老板。如今，每个人既是雇主，也是给这位雇主打工的自我剥削者，主仆身份集于一身。阶级斗争也转变为与自身进行的内部斗争。失败的人会自责，会感到羞愧，却不会质疑社会。

规训权力耗费巨大力量将人们强行禁锢在指令和禁令的束缚中，是效率低下的权力。效率更高的是那种确保人们自愿服从于统治体系的权力技术。其独特性在于，它不通过禁止和剥夺，而是通过喜欢和满足发挥作用。它不是把人变得顺从，而是试图使人形成依赖。新自由主义的这种绩效逻辑也适用于监视。在20世纪80年代，人们对人口普查进行了激烈的抗议，甚至小学生都加入了街头抗议的队伍。

从今天的角度看，职业、学历、住所距工作地远近等人口普查需要的信息实在稀松平常，隐瞒它们近乎可笑。然而在那个年代，人们认为自己面对的是作为统治机构的国家，它违背公民意愿夺取他们的信息。那个时代早已过去了。今天，我们自愿地暴露自己。恰恰是这种被感知的自由，使抗议变得不可能。与抗议人口普查的年代不同，我们不大抵抗监视。自我曝光和自我袒露都是自愿的，它们遵循着与自愿的自我剥削相同的绩效原则。我们要抗议什么？抗议我们自己吗？美国观念艺术家珍妮·霍尔泽（Jenny Holzer）在她的系列作品《自明之理》（*Truism*）中表达了这种矛盾的情形："远离我所欲。"

区分建制性权力和系统保护权力至关重要。系统保护权力通过一种精明且友好的表现形式使自己隐形，从而无懈可击。服从的主体对自己的服从性毫不自知，误以为自己身处自由。这种统治技术对于化解反抗卓有成效。压制和侵犯自由的统治是不稳固的。然而新自由主义政权之所以如此稳固，对一切反抗产生免疫，是因为它善用自由，而不是压制自由。压制自由会迅速引起反抗，榨取自由则不会。

亚洲金融危机发生后，韩国受到巨大冲击，陷入了经济瘫痪。于是，国际货币基金组织向韩国提供了贷款。为了还贷，韩国政府不得不强行实施新自由主义改革，不顾反对者的抗议。这种镇压式的权力就是所谓的建制性权力，它往往诉诸暴力。但这种建制性权力与系统保护权力不同，后者在新自由主义政权中做出一副自由的样子。娜奥米·克莱恩（Naomi Klein）[1]认为，类似韩国或希腊金融危机这样的灾难发生后，整个社会出现的休克状态是迫使这个社会接受彻底重新规划的绝佳时机。今天的韩国社会几乎不再有任何对统治体系的抵抗，取而代之的是普遍的顺势主义和对抑郁及倦怠的共识。韩国是目前全球自杀率最高的国家之一。人们没有寻求改变社会，而是选择对自己施暴。本可能引发革命的指向外部的攻击性，让位给了自我攻击。

今天，没有任何互联、协作的群众会成为全球范围内的抗议和革命主体。每个人都是自己的雇主，孤立无援，这种孤独构成了目前的生产方式。过去，企业之间相互竞争，但企业内部可能依旧团结。而今，每个人都在与他人竞争，即使在企业内部也是如此。这种绝对竞争虽然极大地提高了生产力，但却破坏了团结和集体精神。疲惫的、抑郁的、孤立的个体不可能形成革命群体。

新自由主义无法用马克思的理论来解释。他著名的劳动"异化"理论甚至根本没有在新自由主义中表现出来。如今

---

1 加拿大记者、作家、社会活动家，以对资本主义和全球化的批评闻名。

我们兴奋地投入工作，直至精疲力竭，而兴奋恰恰就是倦怠综合征的第一阶段。倦怠和革命是互斥的。因此，奈格里认为群众可以摆脱依附性的"帝国"并建立一个共产主义社会，这是错误的想法。

西方所谓共产主义的情况又如何呢？如今到处都在谈论着"分享"（Sharing）和"共有"（Community）。共享经济被认为将取代财产所有权经济。"分享即关怀"，这是戴夫·埃格斯（Dave Eggers）最新小说《圆环》（*The Circle*）中"圆环人"的格言。在通往圆环公司总部的人行道上，布设着刻有"寻求集体""参与"等口号的地砖。但是，真正的口号应该叫作"关怀即杀戮"。把我们每个人都变成出租车司机的数字化共享汽车平台 Wunder Car，也在用"共有"这一概念做广告。但是，共享经济的出现并不意味着资本主义走向尽头，也不会如杰里米·里夫金（Jeremy Rifkin）在他的著作《零边际成本社会》（*Die Null-Grenzkosten-Gesellschaft*）[1]中所言，出现一个以集体为导向的、共享比拥有更有价值的全球性社会。相反，共享经济最终导致生活的全面商业化。

---

[1] 中文版见杰里米·里夫金：《零边际成本社会》，赛迪研究院专家组译，中信出版社，2014 年。

里夫金颂扬的从所有权到"使用权"的转变，不会把我们从资本主义中解放出来。没钱的人没有参与共享的可能。即使在使用权的时代，我们依然生活在屏蔽机制（Bannoptikum）中，穷人照旧被排除在外。鼓励人们把自己的家变成旅馆的共享市场爱彼迎（Airbnb），甚至把人类的热情好客变成了经济行为。共享或协作共同体（kollaborative Commons）仰仗的意识形态导致了集体的全面资本化。无目的的友善、亲切不再可能。在一个人人相互评价打分的社会里，友善已经被商业化了。人们变得友善是为了得到好评。即使在协作经济的时代，资本主义的无情逻辑仍然起支配作用。矛盾的是，在这个美妙的分享过程中，并没有人自愿奉送任何东西。资本主义一旦开始把共产主义本身作为商品出售，说明资本主义已经得到完满实现。共产主义成为商品意味着一切革命皆被终结。

对人的全面剥削 *

Die Totalausbeutung des Menschen

"客户终身价值"（Customer-Lifetime-Value）指一个人在作为客户的全部时间里能为一个企业提供的价值。这个概念的产生基于将人的整个生命转化为纯商业价值的意图。今天的超资本主义（Hyperkapitalismus）彻底消除了人的存在，把它变成了一张商业关系网络。我们现在的生命里，没有任何领域可以逃脱商业化。

社会的日益数字化在很大程度上促进、扩大并加速了对人类生命的商业利用。由于这一进程，尚未被商业化染指的生命领域也已沦陷。因此，创造新的生命领域、新的生活方式，以抵抗对人类生命的全面商业剥削，是我们的当务

---

* 本文原载：*Süddeutsche Zeitung*, 20. Juni 2016.

之急。

苹果公司把纽约的旗舰店打造成一座典型的超资本主义殿堂，它是一个全部由玻璃构成的立方体。为了呈现其自身代表的通透可见，内部空间无任何隔断和遮挡。真正的商店位于地下层。整栋建筑是透明性（Transparenz）的物质化身。

从建筑上看，透明的苹果旗舰店大概是麦加的黑帷幕"天房"（Kaaba）的反形象。Kaaba 的字面意思是立方体，这个漆黑的方盒子毫无透明度。天房内部也是全空的，代表了一种与超资本主义秩序相对立的神学秩序。

苹果旗舰店和天房表现了两种不同的统治形式。透明的立方体的确呈现出自由感，象征着无限的交流，但这种透明本身就是一种统治形式，它在今天以数字化极权主义的形式出现。它宣告着新统治即超资本主义统治的登场。它象征着今天的全面交际（Totalkommunikation）——与全面监视和全面剥削逐渐重合的交际状态。

天房是封闭的，只有神职人员可以进入建筑内部，而透明立方体则是全天开放的，人人都可以以客户身份进入。这里存在着两种对立的统治秩序：封闭的统治和开放的统治。当然，后者比前者更有效率，因为它假扮成了自由的化身。

玻璃立方体是超资本主义对超交际（Hyperkommunikation）的超认可，这种交际洞穿一切，揭露一切，并把一切商业化。在这栋玻璃房子里，连同位于地下层的苹果商店，交际、商业和消费融为一体。

跨国公司收集消费者在消费行为、婚姻状况、职业、偏好、业余爱好、住房情况和收入水平方面的相关数据。他们使用的算法与美国国安局的算法没有明显区别。

仿佛大型百货公司一般的世界是一座数字化全景监狱（digitales Panoptikum），使我们受到全面监视。全面剥削和全面监视是一枚硬币的两面。美国大数据公司安客诚（Acxiom）纯粹从经济的角度将人分为 70 个级别。顾客价值极低的群体被称为"废物"（waste），等同于废品、垃圾。

大数据使预测人类行为成为可能。这让未来变得可计算且可操控。事实表明，大数据是一种非常有效的精神政治工具，可以把人像提线木偶一样操控。大数据创造了一种统治术，可以在被操控对象不知不觉的情况下干预和影响他的精神。数字化的精神政治使人降级为可量化和可操控的对象。因此，大数据预示着自由意志的终结。

宪法学家卡尔·施米特（Carl Schmitt）曾说，主权者

（Souverän）是对非常状态做出决策的人。[1]几年后，他改写了这句名言："第二次世界大战后，考虑到我的死亡，现在我要说：主权者是拥有宇宙波的人。"卡尔·施米特一生害怕广播和电视，因为它们有操控性。今天，在数字政治的时代，施米特关于主权的论点势必要被再次改写：主权者是拥有网络数据的人。

数字化联网可以实现对一个人的全面评估和全面曝光。这种对个人数据的收集存在巨大风险，因此必须在政策层面严加限制。德国信用权益保护协会 SCHUFA 等信用评级公司也造成了歧视性的影响。对一个人的经济价值评估背离了人类尊严的理念。任何人都不该被降级为算法评估的对象。

在德国早已享有至高地位的 SCHUFA 公司，竟然在前段时间提出了通过社交网络筛选有用信息的想法，其背后的深层意图暴露无遗。该公司的宣传口号"我们成就信任"，纯属讽刺。

像 SCHUFA 这样的企业其实完全摒弃了信任，用监控取而代之。信任意味着在面对他者时，即使不了解也与对方

1　参阅卡尔·施米特：《政治的神学》，刘宗坤、吴增定译，上海人民出版社，2015年，第47页。

建立一种肯定的关系。在欠缺了解的情况下，信任可使人有所行动。如果我事先了解对方的一切，那么信任就成了多余的。以 SCHUFA 公司为例，它每天处理 20 多万个查询，这是只有在监控社会中才会发生的事情。一个建立在信任基础上的社会不需要 SCHUFA 这样的企业。

信任他者意味着这份信任不一定会被满足，也就是有可能发生背叛，而这种背叛的可能性是信任本身的重要构成。自由也意味着一定的风险。一个以追求安全为由将一切置于控制和监视之下的社会，将会陷入极权主义。

面对咄咄逼人的数字极权主义，欧洲议会主席马丁·舒尔茨（Martin Schulz）不久前在伦敦指出，当前迫切需要制定一个数字时代的基本权利宪章。德国前内政部长格哈特·鲍姆（Gerhart Baum）也呼吁进行全面的数据裁减。

遏止数据极权主义需要变革性的全新思路，还应当寻求可行的技术途径，以确保个人数据在一定期限后被自动删除，从而实现数据的大规模裁减。这在今天的数据狂热时代势在必行。

仅凭有关数据保护的基本权利宪章不足以阻拦数据极权主义，我们还必须在意识和心态上有所转变。今天，我们绝不是一座受外部控制的数字化全景监狱中的囚犯或牺牲品。

全景监狱最初是英国哲学家杰里米·边沁（Jeremy Bentham）设计的一种圆形监狱。犯人被关在外环区域，完全置于一座中央塔楼的监视之下。在数字化全景监狱里，我们不仅仅是被囚禁者，其实也是作案人（Täter）。我们是数字化全景监狱的积极共建者。通过自我暴露，通过彼此联结并自愿将有关自己身体的数据上传网络，就像数百万"量化自我运动"（Quantified-self-Bewegung）的信徒一样，我们支撑着这座监狱的运营。这种新的统治形式并不强迫我们沉默，而是不断地要求我们倾诉和参与，分享我们的观念、愿望和爱好，讲述我们的生活。

20世纪80年代，全德国都在强烈抗议人口普查。一个市民管理处因此遭到爆炸袭击。大规模游行示威遍地开花，甚至小学生都加入了抗议队伍。

从今天的角度看，这种反应似乎难以理解，因为透露人口普查所需的信息，如职业、学历、婚姻状况、住所距工作地远近等，并无危险。今天，有关我们的成百上千组数据被收集、储存、传递和出售，可我们并不反对。没有人表达强烈异议，没有针对谷歌或脸书的大规模抗议。

在人口普查那个年代，人们认为自己面对的是作为统治机构的国家，它试图违背公民意愿夺取他们的信息。那个时代早已过去了。今天，无须任何强迫与命令，我们自愿地暴露自己，自愿地把有关自己的各种数据和信息放在网上，而对于何人、何时、出于何种原因获悉我们的情况毫不知情。

这种数据的不可控揭示了一场必须严肃对待的自由危机。由于滥用数据的日益严重，数据保护概念本身都是过时的。如今我们不再只是国家监视的受害者，而是系统的加害者。我们自愿放弃受保护的私人空间，将自己暴露在把我们照得通透、能获悉我们全部的数字网络中。

作为一种新的生产形式，数字通信无情地废除了受保护空间，将一切转化为信息和数据。安全距离因此荡然无存。在数字化的超交际中，一切都混杂在一起，彼此不分。内部和外部之间的边界变得越来越可渗透。人成了一个全联网世界中的接口。超资本主义推动了这种数字的无防御性，并对其极尽利用。

我们不得不再次严肃认真地问自己，究竟想要过怎样的生活。继续听命于全面监视和全面剥削，从而放弃我们的自由和尊严吗？现在是时候组织起来，对迫在眉睫的数字化极权主义进行一次集体抵抗了。格奥尔格·毕希纳（Georg Büchner）的话在今天仍然有现实意义："我们就是被未知力量操控的提线木偶，一丝一毫都不是我们自己！"

在数字化全景监狱里 *

Im digitalen Panoptikum

　　今天，一切都在变得智能化。我们很快就会生活在智能城市（Smart City）里，一切都将互联，人和物无一例外。我们不仅会收到朋友的电子邮件，还会收到家用电器、宠物和冰箱里的食物发来的邮件。这一切都将通过物联网（Internet der Dinge）实现。在智能城市里，我们将戴着谷歌眼镜上路。无论何时何地，我们不必自己查询就能获得有用的信息。它会导航，将我们带至餐厅、酒吧、音乐厅。数据眼镜还将为我们做决定。借助约会应用程序，它甚至会帮助我们在爱情和性方面更加成功和高效。

　　数据眼镜通过扫描我们的视野获取有用信息。我们都将

* 本文原载：*Der Spiegel* 2/2014.

成为快乐的信息猎手，遵循一种猎手的视角。没有信息含量的视域将被隐没。对事物的流连、凝视这种幸福的形式，将完全让位于对信息的猎取。人的感知最终将实现全面高效，不再为那些不值得关注或信息量极低的事物分心。人眼将自动变身为高效的搜索引擎。

物联网同时也成就了透明社会，它已经与全面监控的社会没有分别。我们周围的物品观察和监视着我们，不断地记录我们的一举一动，并将信息发送出去。比如，冰箱会知道我们的饮食习惯，联网的牙刷会知道我们的牙齿卫生情况。这些物品都主动参与到对我们生活的全面记录之中。在数字化监控社会里，数据眼镜将变为监控摄像机，智能手机将成为窃听器。

今天，我们的每一次点击都会被记录下来，每一步操作都可被追溯。我们到处留下自己的数字痕迹，我们的数字生活被精准地呈现在网络上。对生活的全面记录将会使信息和监控彻底取代信任。

抱有信任，即便我们对对方缺乏了解，也能与其建立联系。数字网络极大简化了获取信息的过程，导致信任作为一种社会实践变得越来越不重要。信任让位于监控。因此，透明社会在结构上与监控社会十分相似。在信息唾手可得的地方，社会体系会从信任切换到监控和透明。

大数据取代了"老大哥"。对生活的无缝式全面记录使透明社会得以充分实现。透明社会像极了一座数字化全景监狱。

全景监狱的概念出自英国哲学家杰里米·边沁。他在18世纪设计了一种能够对犯人实行全面监视的监狱。牢房围绕着一座监视塔楼形成圆环，以便塔楼上的老大哥将一切尽收眼底。出于规训目的，犯人之间相互隔离，禁止交流。相较之下，数字化全景监狱的居民则不停地交流，自愿地暴露自己。数字化监控社会将自由运用到了极致。这种社会只有靠自愿的自我照亮和自我袒露才能存在。

在数字化监控社会中，色情展示和全景监控相辅相成。当人们不再通过外部强制，而是出于内在需求进行交际，当不得不放弃私密空间和隐私的恐惧让位于毫无羞耻地自我展示的需求，当自由和监控变得难以区分，监控社会就成功地实现了。

边沁式全景监狱里的老大哥只能观察犯人的外部表现。他不知道犯人在想什么，无法读懂他们的心思。但是在数字化全景监狱里，居民的思想是可以被干涉的。这正是数字化全景监狱异常高效的原因，这进而导致对社会的精神政治控制成为可能。

如今对透明的要求是以信息自由或民主为由提出的。事实上，透明性是一种意识形态，一种新自由主义的准则。这种意识形态强行把一切向外翻转，以便把它们统统变成信息。在当今非物质生产方式的背景下，信息和交际越多，意味着生产、增速和增长越会得到促进。

神秘、陌生或他性都是无限交际的障碍，因此它们为透明的缘故被清除了。透明原则引发了一种顺势主义强迫症。借助透明取得广泛的意见一致，这也是透明性逻辑的一部分。其结果就是完全的一致性（Konformität）。

"新语"（Neusprech）是乔治·奥威尔（George Orwell）小说中监控国家的理想语言。它必须彻底取代"旧语"（Altsprech）。新语的唯一目的是限制人的思想视野。通过清除表达犯罪思想所必需的词汇，这种思想便可以被取缔。因此，"自由"一词就被删除了。在这方面，奥威尔的监控国家明显区别于今天的数字化全景监狱，后者无节制地利用自由。

奥威尔笔下的监控国家有电幕和刑讯室，与依靠互联网、智能手机和谷歌眼镜，看似拥有无限自由和交际的数字化全景监狱截然不同。全景监狱里没有刑讯，大家都在网上发帖子，发推文。与自由相辅相成的监视要比限制自由的监视有效得多。

新自由主义政权的权力技术不是禁止或压制性的，而是诱惑性的。这种权力的精明之处在于，它用引诱代替禁止，它不通过驯服人，而是通过取悦人达到目的。人们在消费和交际时，在按下"点赞"按键时，已屈从于这种统治关系（Herrschaftszusammenhang）。精明的权力对我们的精神示好，不对其进行压制或规训。它不强迫我们沉默，反倒不断要求我们倾诉、分享和参与，表达我们的观点、需求和愿望，讲述我们的生活。我们今天面对的是一种并不否定或压制我们的自由，而是对它进行剥削的权力技术。这就是造成当前自由危机的原因。

主宰奥威尔式监控国家的否定性原则已让位于肯定性原则。这意味着需求不会被压制，而会受到刺激；交际不是被打压，而是被最大化。私人领域的自愿展示和对内心的数字化曝光取代了通过刑讯逼供得到供词。智能手机取代了刑讯室。

边沁的"老大哥"虽然是不可见的,但他存在于犯人的头脑里,如影随形。然而在数字化全景监狱中,没有人真正感觉到自己被监视。因此,用"监控国家"这一术语描述当今数字化全景监狱的特征并不十分合适。在数字化全景监狱里,我们觉得自己是自由的,然而正是这种奥威尔式监控国家根本没有的自由感,才是问题所在。这种可感知的自由扼杀了反抗的可能。

1987年,德国发生了一系列反对人口普查的激烈抗议活动。今天,监视以自由的面目出现,而自由则变成了监控。

1984年超级碗比赛期间,电视屏幕上闪现的苹果公司广告堪称传奇。在这个广告片里,苹果公司将自己塑造成了奥威尔式监控国家的解放者。一排排神情呆滞、麻木不仁的工人整齐划一地走进一个大厅,专注地观看电幕上"老大哥"的精彩演讲。突然间,一名女运动员跑了进来,思想警察正在追捕她。女运动员镇定地继续向前跑,手握巨大的铁锤,放在起伏的胸前。她果断地跑向"老大哥",然后用尽全力将铁锤掷向电幕。电幕爆炸,一片火光。大厅里的人瞬间从麻木中惊醒。这时一个声音宣布:"1月24日,苹果电脑将推出 Macintosh。你会明白为什么 1984 年不会是小说中的 1984 年。"苹果广告传达的信息并未成为现实，1984年没有成为监控国家终结的标志，而是成了一种新型监控社会的起点，其效率远远胜过奥威尔的监控国家。

不久前，美国国安局在内部文件中称史蒂夫·乔布斯为"老大哥"的事被披露。他们把手机用户叫作"僵尸"，并且顺理成章地使用了"智能手机剥削"的说法。

但美国国安局并不是问题的真正所在。谷歌、脸书，以及像全球营销企业安客诚这样的大数据公司，无一不在疯狂地收集我们的数据。仅在美国，安客诚就拥有3亿人的数据，几乎是所有美国公民的数据量。正如该公司的全景式商业口号所标榜的："我们确保您可以 360 度全方位了解客户。"面对这样的发展趋势，爱德华·斯诺登既不是英雄，也称不上罪犯。在这个已经变成数字化全景监狱的世界里，他只是个悲惨的幽灵。

唯死亡之物才透明 *

Transparent ist nur das Tote

在当代公共话语中，"透明"几乎占据了绝对的中心地位。它之所以备受关注，首先与信息自由密切相关。但如果仅仅把透明置于腐败及民主问题的讨论中，实在是低估了它的影响力。透明在当今表现为一种系统性强制，它席卷了一切社会、经济和政治进程，并使之发生深刻的变化。

透明社会即肯定社会。当事物摆脱所有的否定性，当它们被敉平，当它们不加反抗地融入资本、交际和信息的平滑流动之中，事物就成了透明的。当行为听命于可计算、可调节、可控制的过程，行为就成了透明的。当事物抛弃其独特性，只用价格表达自己，事物也就成了透明的。当图像丧失

---

* 本文原载：*Die Zeit* 03/ 2012.

一切解释学的深度，失去意义，流于色情，图像就成了透明的。透明社会的肯定性将其打造成一座同者（das Gleiche）的地狱。

在同者相互呼应、形成链式反应之时，交际的速率就会达到峰值。他者性与陌生性（Anders- und Fremdheit）的否定，或说是他者的抵抗，干扰且延缓了同者间平滑的交际。透明将他者或异己剔除，以此稳固系统，加速其运转。乌尔里希·沙赫特（Ulrich Schacht）[1] 在日记中写道："一体化（Gleichschaltung）的新说法——透明。"

透明（Transparenz）一词由拉丁语的 *trans* 和 *parere* 构成。*parere* 原意是指按照某人的指令出现或被看见。一个听话（*parieren*）的人势必是可见的，并且毫无反抗地服从。词源考据证明，透明这个词本就含有一定的暴力色彩。如今，透明被用作控制和监视技术，顺理成章。

前不久，联邦总统答德国电视一台和二台记者问的电视采访竟然与审讯毫无二致。[2] 武尔夫在采访中一再强调，他

1　德国作家、记者。

2　克里斯蒂安·武尔夫（Christian Wulff）于 2010—2012 年任德国联邦总统。因涉嫌贪污，武尔夫于 2012 年 2 月辞职。在同年初的一次电视采访中，他承诺回答向他提出的全部问题，以此为透明设定新的标准。

想要"通过透明创造信任"。不约而同地，汉堡市民发起了一项关于设立透明法的倡议，其口号为："透明成就信任。"在这句口号中其实隐藏着一个矛盾。信任只可能存在于知与不知之间。如果我预先就知晓一切，那么信任就成了多余的。透明是一种消除了一切不知的状态。透明的地方是不给信任留有余地的。因此，"透明创造信任"应该改为"透明破坏信任"。

正是在信任缺席时，人们对透明的呼声才格外强烈。透明社会是一个没有信任的社会，由于信任逐渐消亡，社会开始依赖监控。对于深得民众信任的政治人物来说，哪怕要求最适度的公开透明，也是有损尊严的。对透明的强烈呼吁恰恰表明，社会的道德基础已脆弱不堪，诚实、正直等道德价值正逐渐失范。作为一项新的社会命令，透明正在取代日渐衰微的道德权力。

呼求透明的同时，加速的压力随之而来。传统政党因有自己的意识形态和权力结构而显得过于缓慢、死板。海盗党的所谓"液态民主"（Liquid Democracy）可理解为，对基于政党制度的民主表现出的迟钝和僵化而进行的一种反抗。对于这种液态民主的实践，海盗党网页上的说明再清楚不过：

"我希望，在税法方面由社民党代表，环境政策方面由绿党代表，教育政策问题由米勒先生以个人身份代表；而关于新的高校招生的决议，我想要参与表决。"这种没有代表大会和强有力决策者的液态民主，实际上废除了以政党为基础的代议制民主。专业知识取代了政治决策。政党的全部价值不过是米勒先生个人水平的体现。这不是真正的政党。

我们也可以这样说：海盗党是个非党之党。它是第一个无色的党。透明是无色的。在透明的地方，颜色不能代表意识形态，只能代表无意识形态的意见。加速和灵活性表现在可根据情况随时变换颜色。液态民主虽然使决策过程变快、变灵活，但它最终会沦为一种"点赞"的民主。

在液态民主的实行过程中，政治让位于对社会需求的管理。这不仅不会动摇现存的社会经济架构，还会巩固它们。透明能够非常有效地稳固现有系统。仅凭信息的公开透明并不能带来系统性的更新或改变。透明缺少质疑现有政治经济体系所必需的否定性。

"后隐私"（Post Privacy）思想也同样天真，它以透明为由要求人们彻底放弃隐私空间。这场新兴网络运动的代表们有必要知道：人甚至对自己都无法做到透明。按照弗洛伊德的理论，"我"（Ich）恰恰会否认那些被无意识肯定和欲求的东西。"它"（Es）对于"我"来说仍处于隐匿状态。因此，一道裂隙贯穿人类的心灵，使心灵系统无法与自身达成一致。作为不透明的源头，这道固有的裂隙使"我"的自我透明成为不可能。"我"的自我透明可能只是一种必要的幻想。人与人之间也有裂隙。因此，不可能实现人际的透明，况且这也并不值得向往。

正是他者的不透明性才令关系保持活力。格奥尔格·西美尔（Georg Simmel）写道："拥有心理学上充分认识的绝对知识这个事实就足以令我们清醒起来，使关系的生动活泼陷于瘫痪。……关系的富有成果的深刻，会预感和尊重在任何已经显露出来的最后的东西背后，还有一种最最后的东西。……只不过是那种柔情万端和自我克制的报偿，柔情和自我克制在最密切的、包括整个人的关系里，还尊重内心的个人财富，通过保密的权利来限制提问的权利。"[1] 当今社会充溢着追求透明的激情，因而培养人们对保持距离的激情迫在眉睫。

人的灵魂需要可以自处而不必在意他者目光的空间，完全

1　译文参照格奥尔格·西美尔：《社会学：关于社会化形式的研究》，林荣远译，华夏出版社，2002年，第258~259页。

的照亮会使灵魂消耗殆尽。完全的透明很可能会导致一种精神的倦怠。"我以不为他人所知的那部分我而活着",彼得·汉德克(Peter Handke)这句话表达的正是此意。只有机器是完全透明的,但人的灵魂不是机器。内在性、自发性和事件性才是生命的根本构成,它们统统排斥透明。恰恰是人的自由使完全透明无法实现。而且,透明的关系毫无吸引力,它是一种死亡的关系。唯死亡之物才透明。强制透明确实在摧毁那些积极的、富有生产力的人类此在(Dasein)与共在(Mitsein)的空间,如果能认识到这一点,就算是开启了一场新的启蒙运动。

只有虚空(Leere)才是完全透明的。为了消除这种虚空,人们让大量信息流转起来。信息被释放得越多,世界就越模糊混乱。大量的信息并不会照亮黑暗。透明不是光,而是无光的射线,它不会照亮世界,而是穿透一切,让一切曝光。可见(Durchsichtigkeit)不等于洞见(Hellsichtigkeit)。

在《哲学杂志》(Philosophie Magazin)刊登的朱利安·阿桑奇(Julian Assange)[1]与哲学家彼得·辛格(Peter Singer)的对谈中,阿桑奇出乎意料地坦承,自己实际上并不是透明的拥

---

1 揭秘网站"维基解密"的创办人。

莅。他说，他的信念只是基于"极朴素的哲学"，即掌握更多关于环境的信息有助于对自身所处环境做出更好的判断，这就是他行动的全部动机。对于当今已被绝对化、意识形态化的透明性，阿桑奇显然持怀疑态度。他还指出，互联网已经成为一个设计精密的大众监视系统，像癌一样蔓延扩散。

为避免误解需补充一点：以打击腐败和捍卫人权为目的而要求的透明化并无不妥。对于这种情况，我们应该提倡公开透明。对透明的批评针对的是将其意识形态化、拜物化（Fetischisierung）和绝对化。尤为令人担忧的是，当今的透明社会逐渐趋同于监控社会。不计其数的监控摄像头把我们每个人都当成了嫌疑人。透视身体的扫描仪早已超出了其实际使用范围，它是我们这个时代的象征物。互联网实际上是一个数字化全景监狱。

人人皆暴露自己——这就是监控社会的逻辑。当社会主体不是由于外部强制，而是出于自发需求而暴露自己，当失去私密领域的恐惧让位于想要展示自己的肆意时，监控社会便成形了。监控社会遵循绩效社会的效率逻辑。自我剥削比他人剥削更有效率，因为它有自由感相伴。绩效主体对一种自愿的、自我生成的约束言听计从。这种自由辩证法也是监控社会的基础。自我曝光比被他人曝光更有效率，因为它也伴随着自由之感。

　　对透明的强制追求最终不是道德或政治上的而是经济上的要求。照亮即剥削。将自己照得透明的人只能任人剥削。一个人的过度曝光会使经济效率实现最大化。透明的客户是数字化全景监狱中的新型囚犯，是"神圣人"（*Homo sacer*）。与规训社会不同，透明社会的全景监狱不需要镣铐、高墙和牢房。与边沁式全景监狱中彼此隔离的犯人不同，透明社会的居民不仅相互联网，而且彼此间可以进行充分的交流。为透明提供保障的不是孤立和隔绝，而是超交际。

　　数字化全景监狱的特殊性在于，其居民通过展示自己和揭露自己，主动参与到它的建造和运营之中。因此，今天的监视并不像尤丽·策（Juli Zeh）和伊利亚·托亚诺夫（Ilija Trojanow）所说的那样以侵犯自由的形式出现。[1]确切地说，自由和监控已合而为———透明的用户既是受害者，也是加害人。每个人都全力投身于网络全景监狱的建设之中。

1　参阅尤丽·策和伊利亚·托亚诺夫合著的《侵犯自由：安全幻想、监视国度及公民权利的瓦解》（Ilija Trojanow, Juli Zeh: *Angriff auf die Freiheit. Sicherheitswahn, Überwachungsstaat und der Abbau bürgerlicher Rechte*. Hanser, München 2009）。

数据主义和虚无主义 *

Dataismus und Nihilismus

如今的数据收集狂热并不仅仅涉及美国国安局。疯狂收集数据是一种新信仰的表现，人们可以称之为数据主义（Dataismus）。它日渐表现出宗教和极权主义的特征。大数据欣快症（Big-Data-Euphorie）也表达了对这种数字时代信仰的崇拜。

如今，数据收集的目的可以说无所不包。不仅美国国安局、安客诚、谷歌或脸书对数据有着无穷渴望，"量化自我"理念的信奉者也沉湎于数据主义。他们给自己的身体装上传感器，自动记录各种身体参数。体温、步数、睡眠规律、卡路里摄入和消耗、运动曲线，甚至脑电波，一

---

* 本文原载：*Die Zeit* 40/2013.

切皆可测量。即使在冥想时，心跳也会被记录下来。就连放松休息的时候，也不放过对绩效的计算，这根本就是个悖论。

不但我们的身体装上了传感器，环境中也配备了越来越多的传感器，它们正在把我们变成数据。与此同时，一种不寻常的无意义感笼罩着我们的生活，我们陷入过度活跃和过度交际。

这些收集的数据究竟能否帮助我们更好地了解自己？早在古代，人们就认为记录自己是自我关怀的必要部分。古罗马作家德尔图良（Tertullian）称之为"自我坦白"（*publicatio sui*），意为对自我的探索和毫无保留地公开全部思想。有罪的人要敢于承认罪人身份，从而使自己从罪行中解脱出来。

基督教的自我揭发意味着必然放弃利己的自我，为的是更高层面的追求："我已不再是我。"（*Ego non sum, ego.*）通过放弃小我，实现一个更高意义上的全新自我。"自我坦白"是一种追求真理的践行，基于更高语境中的自我实现，就像古代的禁欲主义并不等于只是节制饮食。

相比之下，"量化自我"只是一种优化身体和精神表现的技术。即使借助这些数据，自我优化者还是无法达到真正的自我关怀。"量化自我"是自我指涉型自我的记录系统。

"自我"本身不产生任何意义。收集来的数据不能回答"我是谁"的问题。把智能手机当作移动告解室，既无法实现自我认知，也无法获得洞悉真理的途径。

仅凭数据是无法产生认知的，无论数据多么全面。数据无法回答那些超越绩效范畴的问题。在这个意义上，数据是盲目的。数据本身不产生意义，不带来真理，也不能使世界更加透明。相反，今天的世界似乎比以往任何时候都更恐怖。我们感到越来越难以区分什么是重要的，什么是不重要的。我们几乎完全听任自动化过程的摆布。我们优化自己，却并不清楚这种优化的目的究竟是什么。

数据化认知是一种有限的、初步的认知形式。它甚至不足以让我们辨明因果关系。大数据诱发了一种绝对认知，而实际上，它是绝对的无知。在大数据中确定方向是不可能的。

我们密集交际，几近强制。交际中的缺口对我们来说似乎无法忍受。它揭示了一种空，必须用更多的交际和更多的信息来弥补。

数据主义和虚无主义形影相随。数据主义是摒弃意义和语境的结果，数据被认为可以填补意义空白。整个世界正在瓦解成数据，在这个过程中，我们不断忽视更普遍、更高层面的语境。从这个意义上讲，数据主义和虚无主义是一枚硬币的两面。

虚空之苦 *

Quälende Leere

切割伤在当今青少年中已成为一种普遍现象。在德国，数以百万计的青少年用这种方式伤害自己。人们故意给自己制造伤口，从中获得一种深深的解脱感。通常的方法是用剃须刀片划破自己的手臂。切割伤正在成为一种实实在在的成瘾症。

与所有的成瘾症一样，切割伤的频率和强度会逐渐增加，于是伤口也会越来越深。切割伤成瘾者感觉自己如同患上了自残强迫症。该如何看待这种自我伤害与当代个体日益突出的自恋特征之间的密切关联呢？

自残者往往患有抑郁症和焦虑症。内疚感、羞耻感和自

---

* 本文原载：*Die Welt*, 30. Dezember 2015. 原题为《虚空之苦：自恋是自拍和恐怖主义之因》（"Quälende Leere. Narzissmus ist der Grund für Selfies und Terror"）。

我价值贬损折磨着他们。持续存在的内心空虚使他们对一切都没了感觉。只有在割伤自己的时候，他们才会有知觉。

患有抑郁症或边缘性人格障碍（Borderline-Persönlichkeitsstörung, BPS）的人常常诉苦说："我感觉不到自己。"在自残者中，很多人都患有抑郁症或边缘性人格障碍。切割伤无疑是一种感受自己、恢复自我感知的绝望尝试。哭泣的身体流下红色的眼泪。我流血，故我存在。

这种折磨人的空虚感从何而来？我们有必要首先区分自恋（Narzissmus）和自爱（Eigenliebe）。自爱的主体与他者划清界限，也就是说，有明确的自我界限将自我和他者区分开来。然而在自恋式的自我指涉中，他者被扭曲变形，直至自我在他者身上再度认出自己。自恋的主体只是在自己的影子中感知世界。

自恋的灾难性后果是他者的消失。自我与他者的界限越来越模糊。自我扩散开来，漫无边际。只有面对他者才会形成一个稳定的自我。过度的、自恋的自我指涉只会产生一种空虚感。自我溺亡在自身之中。

如今，性欲能量主要被投注到了自我中。自我力比多（Ichlibido）因自恋而不断堆积，导致投注在对象上的客体力比多（Objektlibido）消退。客体力比多制造与对象的关联，这种关联又会使自我稳定下来。如果没有任何与对象的关联，自我会被抛回自身，从而产生诸如焦虑或空虚之类的负面情绪。

当今社会充斥着各种强制，导致了自我力比多致病性的自恋式积聚。本真性就是这种社会强制力之一，它引发了一种自恋强迫症，即不断地对自己进行质疑、窃听、窥探、围攻，甚至还会不断地指责自己。

从根本上说，本真性是一种新自由主义的生产策略，"我"受其强制，作为自己的雇主持续不断地进行自我生产（sich selbst produzieren）。在这方面失利的人，就会拿起剃须刀片自残。

如今，许多青少年被莫名的恐惧感困扰，他们害怕拒绝，害怕失败，害怕被甩，害怕犯错，害怕做错决定，害怕自己的要求得不到满足。他们为自己的不足而羞愧。自残也是一种自我惩罚的仪式。

自残源于缺乏自我价值感，这反映出我们这个社会一种普遍的奖励危机。我们每个人都需要被爱。自我只有在被他者所爱时才能变得更加稳定。自恋式的自我指涉只会起到破坏稳定的作用。

为了拥有稳定的自我价值感，我必须发现自己的重要性。这意味着我需要借助于想象，想象着我对他人来说很重要。这种想象可能相当模糊，但它对于感觉自己很重要是不可或缺的。正是这种缺失的存在感成为自残的元凶。割伤自己也许只是渴望爱的呐喊。

我自己无法生产自我价值感。在这方面我必须依赖于作为奖励机关的他者，它喜爱我，赞赏我，认可我，并且看重我。自恋式的自我孤立、他者的工具化，以及个体之间的绝对竞争摧毁了整个奖励机制。

绩效主体面临需不断取得成绩的胁迫，因此他永远不得停息，永远无法抵达终极奖励点。绩效主体生活在一种持续的缺失感和负罪感中。他不仅要与他人竞争，更要与自己竞争，所以他要力图超越自己。

如今要获得脱离量化的基本奖励也变得越来越难。比如，真正的友谊就可以实现这种基本奖励。友谊是与他者的关系，能稳定和满足自我。然而，社交媒体上的"朋友"缺乏他者的否定性，他们形成了一个鼓掌喝彩的群体，在"点赞"中清除了自身的他性。

空虚感导致抑郁。抑郁的绩效主体把自身当作沉重负担，于是诱发自我力比多的自恋式堆积，导致绩效主体生病。这样的主体厌倦自己，被自己耗尽，却又深深陷入自己，完全无力从自身走出来，这一切矛盾地导致自我的虚空和瓦解。

与世隔绝，自我囚禁，失去与他者的一切关联。我触摸自己，但却只能通过他人的触摸而感受到自己。他者对于一个稳定自我的形成至关重要。一旦他者消失，自我就会陷入虚空。

有些人只有在割伤自己时才感觉到身体的存在，人与自己身体的关系显然也被打乱了。身体完全受制于优化逻辑，人因此跟自己的身体逐渐疏离。人们经营身体，而不是居住其中。暴食症和厌食症都是这种变化的临床表现。切割伤也许是为再次感觉到自己身体而做的绝望尝试。

今天，任何形式的创伤都被视为禁忌，连爱也在躲避伤害。坠入爱河预示着伤痕累累。我们将风险压至最低，因为我们害怕失败带给自己的痛苦和伤害。

如今交际也被敉平了，人与人的沟通变成了示好，只存在肯定性。像悲哀这样的否定性感觉，被一切语言和表达拦在门外。

没有创伤的爱难以想象。爱会打击、伤害我们。今天，他者被认作受伤的根源，于是我们避开他者。然而，被我们拒斥的伤害无可避免，它会以自我伤害的形式反复出现。比起他人造成的伤害，自我伤害至少能够以可控的方式发生。

当今社会的典型特征是消除一切否定性，一切都被秋平。平滑（Glatte）缺少对立面的否定性，不再是对一立（Gegen-Stand）。法语中的 objection 意指"异议"，而平滑的目的是取悦，因此它不是客体（Objekt）。当一切语言和表达都阻挡悲哀这样的否定性感觉时，我们有理由认为，切割伤将这些否定性感觉从失语中解放出来。

根据阿兰·埃亨伯格（Alain Ehrenberg）的说法，抑郁的盛行是由于冲突的缺失。如今绩效与优化的文化不给冲突留有空间，因为它过于耗时。今天的绩效主体只知道两种状态：有用，或无用。这方面与机器很相似。机器也不懂何为冲突。它们要么顺畅运行，要么就是坏了。

关系和认同是在冲突中产生的。一个人通过处理冲突而成长，成熟。切割伤的诱惑力在于，堆积的破坏性张力得以迅速释放，不必耗费大量时间来处理冲突。张力的快速释放通过化学过程进行，人体的内源性毒素从而被清空。

　　然而，被释放的张力很快便会复活，这会再度引发自残强迫症。这种强迫症的运作模式类似于抗抑郁药的原理，都是抑制冲突状态，使抑郁的绩效主体迅速恢复功能。

　　自拍成瘾（Selfie-Sucht）与自爱也无太大关系，不过就是自恋的自我静不下来的瞎忙。由于内心空虚，人们徒劳地生产自己，其结果一定是失败的。只有空虚本身在自我复制。自拍照是自身空虚的反映。自拍加剧了空虚感。

　　导致自拍成瘾的不是自爱，而是自恋式的自我指涉。自拍照展现的是自身的美丽、平滑表面，而这个自身却空洞、不安。为了摆脱空虚感的折磨，人们要么拿起刀片，要么拿起智能手机。自拍照是能使空虚的自我短暂地被美丽光线照亮的平滑表面。然而，一旦把照片翻过来，人们便会发现那布满伤口、还在流血的背面。自拍照的背后是伤口。

　　发生在巴黎的自杀式袭击有没有可能是一种试图去感受自我，重建被击垮的自我价值感，把难以承受的空虚感炸飞或击毙的反常操作？恐怖行为对付的也是空虚的自我，那么恐怖分子的心理与自拍和自残者的心理有可比性吗？恐怖分子与自残的、将攻击性施于自身的青少年是否具有相同的心理图像？

我们知道，男孩不同于女孩，他们往往将自身的攻击性指向外部，去对抗他人。自杀式袭击很可能是一种矛盾的行为，自我攻击和外部攻击、自我生产和自我毁灭同时进行，它是一种能量更大的攻击形式，不过同时也被想象成触目惊心的自拍。

按下引爆炸弹的按钮就如同按下相机的快门。在那一刻，想象主导一切，因为充满歧视和绝望的现实已不值得为之活下去。

跳跃的人 *

Der springende Mensch

近年来我们常常注意到一个现象，拍照时人们总是在镜头前拼命地跳跃，尤其是年轻人。在谷歌上输入英文或德文"跳跃的人"，会出现无数悬空照，各式各样，令人惊叹。在镜头前跳跃似乎已如流行病一般蔓延开来。

为什么今天的人要在镜头前跳起来？我们不是受倦怠和抑郁所困吗？他们是因为开心喜悦而跳吗？跳跃是社会活力增长的表现吗？抑或这些跳跃是自恋式自我的病态抽搐？

从前拍照主要用作留念，人们以规矩得体的姿态面对镜头，似乎没人有过跳来跳去的想法。人们留住那片刻为的是今后还能记起。为了凸显事件，人们收起自我，退隐到要

* 本文原载：*Die Zeit* 04/2016.

纪念的瞬间或情景之后。没有人想要表现自己，甚或展示自己。没有人在博取关注。从前的照片具有的是膜拜价值（Kultwert），而非展示价值（Ausstellungswert）。

瓦尔特·本雅明在其名篇《机械复制时代的艺术作品》中指出，摄影的展览价值正全面取代膜拜价值。"但膜拜价值并非毫无反抗就让位，而是退守最后一道防线——'人像'（Menschenantlitz）。肖像是早期摄影的核心，这并非偶然。在对远方或已故爱人的怀念性祭仪中，照片的膜拜价值找到了最后的栖身之所。在人面部的瞬间表情中，旧时的照片最后一次散发出灵光（Aura）。这便是它那忧郁的、无可比拟的美。然而，一旦人像从摄影中退出，展示价值便毫不犹豫地凌驾于膜拜价值之上。"

对于服务于祭仪之物，其存在比被展示和被观看更重要。它们的膜拜价值取决于存在，而非展览。然而在我们的社会，万物皆已成为商品，必须被展示才能存在，展示价值被绝对化了。一切悄无声息、停留于自身之物都不再有价值。物只有被展示、被观看才会获得价值。人的行为也像商品，人们展示自己，生产自己，以增加其展示价值。

今天，具有膜拜价值的人像已彻底从摄影中消失了。脸书（Facebook）的时代把人像变成了一张完全服务于展示价值的脸（face）。脸是一种展示性面孔，没有凝视的"灵光"，只是人像的商品形式。凝视富有一种内向性、一种自持和距离，因此凝视不具备展示性。如果要将人的面孔商品化为所谓的脸，就必须消除凝视。

只有从展示癖这一现象中，才能理解为什么如今人们在镜头前跳来跳去。用于怀念性祭仪的瞬间或事件消失了。每个人都在博取关注，展示自己。"我"成为一个品牌。这使摄影变成了无世界性的（weltlos），世界沦为衬托自我的背景。

当今的摄影没有记忆和历史。它似乎总是处在争分夺秒的状态，时间结构一反既往。它缺乏时间的深度和广度，只专注于瞬间情绪的"此时此刻"。它没有叙事性，仅有指示性。人在跳起来的时候，整个身体就像指向自己的食指。

在罗兰·巴特（Roland Barthes）看来，"它存在过"（Es-ist-so-gewesen）表达了摄影的真谛。这赋予摄影以崇拜价值。然而，数码照片却没有年龄、经历和死亡。它始终在场，永远在当下。它不再是记忆媒介，而是充当陈列橱窗一般的展览媒介。

尼采在残篇《无家的乡愁——漫游者》(*Das Heimweh ohne Heim-Der Wanderer*)中写道："他们曾经从无中为自己创造出上帝——难怪！他们的上帝现已归于乌有。太仓促了，像跳跃的蜘蛛猴。"尼采也称这些蜘蛛猴为"末人"。他们就好像"跳来跳去"的"畜群"（ Herde ），"被快乐和不快牵制，就像被拴在了当下的桩子上"。如今，尼采的"末人"在镜头前跳跃。一种新人类出现了：智人（ *Homo sapiens* ）——跳跃的人。从名称来看，跳跃的人和智人同源，但智人具有的悟性和智慧的德性在他们身上全无体现。他们跳跃是为了博取关注。

难民来自何处?[*]

Woher kommen die Flüchtlinge?

2008 年金融危机爆发后,多国政府采取了迅速且强有力的纾困措施,帮助银行度过危机。欧盟国家提供了 1.6 万亿欧元使银行免于破产,相当于欧盟国内生产总值的 13%。在那场金融危机中,仅德国就消耗掉 1870 亿欧元。

当银行的生存受到威胁时,欧洲表现出了坚决果敢和牺牲精神。然而,当人的生命受到威胁时,这种精神就打折扣了。这里不包括安格拉·默克尔上周二做出的为难民提供援助的明确承诺。面对难民危机,我们有必要回想一下,对于人们集体逃离的苦难,西方要负多大责任。

大多数划船穿越地中海的难民来自非洲大陆。给非洲带

---

* 本文原载:*Der Tagesspiegel*, 17. September 2015.

来了无尽苦难的欧洲殖民主义以一种更隐蔽的、全球化的形式延续至今。曾经，欧洲殖民国家通过任意划定边界瓜分非洲大陆，制造了一系列冲突。即使在殖民统治结束后，欧洲和美国为保护自身利益，数十年来持续支持独裁者。如今，对廉价原材料的贪婪导致了非洲的政局动荡，间接引发了造成数万人死伤的战争。多个非洲国家解体，例如两个刚果，变成由雇佣儿童兵的军阀控制的领土。这些军阀与只关心原材料的西方企业做生意，对他们来说，种族冲突无关大局。

一些深受我们喜爱的产品，如智能手机、平板电脑和游戏机，其中使用的稀土金属都是在极度恶劣的条件下开采的。全球所有工业国家都参与了这种开采。西方的富裕建立在其他国家的苦难之上，这种不对等是全球资本主义的基本构成。暴力和非正义是这个体系的内在本质。全球富裕同资本的逻辑相矛盾。

2013 年，法国向马里派遣部队。表面上看，其目的是为了打击恐怖主义，实际上矿产资源才是他们的重要目标。法国国有企业阿海珐集团（Areva），在马里的邻国尼日利亚为欧洲的核能产业开采铀矿。铀矿开采的废料被随意地露天堆放。放射性污染云飘浮在这片土地的上空。早在 2010 年《明镜周刊》就报道称，阿海珐医院隐瞒了铀矿开采带来的癌症风险，并将癌症死亡病例的诊断结果写为疟疾。让·齐格勒（Jean Ziegler）在《我们饿死了他们：第三世界的大规模毁灭》（*Wir lassen sie verhungern. Die Massenvernichtung in der Dritten Welt*）一书中，再度透彻地解释了全球饥荒是如何发生的。饥荒往往由国际货币基金组织的政策造成，这些政策旨在向国际食品企业开放全球南部国家的市场，但这种自由贸易破坏了当地的经济，成为饥荒和死亡的帮凶。由此看来，想要用新技术对抗世界饥荒的米兰世博会，实属一种嘲讽。

东欧的情况：1999 年科索沃战争中，北约在未经联合国授权的情况下轰炸了该地区，德国联邦国防军也参与了空中打击。然而，德国政府承诺的对该国的全面重建从未兑现。目前，德国正在遣返来自科索沃的难民。

中东的情况：2011 年，欧洲对利比亚的军事干预使该国陷入混乱。之前的伊拉克战争被西方国家以赤裸的谎言包装成正义之举。伊拉克是个在民族和宗教构成上不稳固的国家，潜在冲突风险很高，其根源在于英国的殖民统治。这与19 世纪阿富汗的情况如出一辙。在苏联的干预下，阿富汗内战演变成了苏联和美国扶植的"圣战者"之间的代理人战争。

现在人们正在逃离塔利班的统治。但在这件事上，西方也并非完全无辜。斯坦福大学和纽约大学的法律学者在其研究报告《无人机下的生活》（*Living Under Drones*）中得出结论，无人机的预防性攻击并没有减少恐怖主义威胁。报告指出，自使用无人机以来，恐怖主义威胁甚至加剧，因为它激起了报复和仇恨；随着越来越多的平民被杀害，恐怖分子的队伍也在膨胀，日常生活彻底被恐惧支配。

"伊斯兰国"（ISIS）无疑是目前最大的威胁，而正是伊拉克战争为它的出现创造了条件。我们还应该看清，激进的伊斯兰教和新自由主义资本主义其实是硬币的正反两面。消费社会对健康的病态追求把生命变成了空洞无物的赤裸生命，不惜一切代价延长生命，这样的社会与激进的伊斯兰教互为条件。基地组织的惊悚格言"你们爱生命，我们爱死亡"直指这一关联。金钱本身并不能提供身份。那些被抛弃的人不仅没有身份，连希望都没有。高失业率城市丁斯拉肯（Dinslaken）的年轻人加入"圣战"组织就是个很能说明问题的事例。

最后想想叙利亚的情况：那里的内战已经演变成一场涉及俄罗斯、伊朗、美国和海湾国家的代理人战争。对此我们应该意识到，石油资源丰富的海湾国家是全球资本主义的前哨，数百万来自亚洲和非洲的移民在那里像奴隶一样劳作，为他们的主人创造财富。

颂扬欢迎文化（Willkommenskultur），赞美同情精神，指责某些欧盟国家缺乏团结，这些都无法解决根本问题。情感是短视的，也是短暂的。只有理性才能高瞻远瞩，我们现在需要的是理性支配的政治。关于难民配额的无休止争论只不过是掩饰政治错误的托词。建起边境围栏不是政策，而是一种宣告难民有罪的警察行为。唯有在理性引领下采取果断行动，才能结束叙利亚的代理人战争和难民不堪言状的苦难。在这个意义上，欧洲应表现得更加自信，从自身历史出发，为世界承担更多的政治责任。否则，迟早会遭当头棒喝。

野蛮人的国度 *

Wo die wilden Kerle wohnen

在当今时代，尤其是面临世界范围内日益加剧的冲突和不断恶化的难民危机，康德的经典作品《论永久和平》（*Zum ewigen Frieden*）意义非凡，他对理性的呼唤丝毫没有失去现实意义。在理性引导下的启蒙运动仍有待继续。

面对世界各地的冲突，如今许多人痛苦地感到，人类距离正确运用理性的程度还很遥远，甚至尚未达到理性。康德认为，理性才能终结作为自然状态的战争状态，使和平状态成为"直接的义务"。康德提出的国际联盟（Völkerbund）是一个理性引领下的"和平联盟"。它与"和约"的区别在于，它不仅终结一场战争，而且永久终结一切战争，即作

---

* 本文原载：*Die Welt*, 8. September 2015.

为自然状态的战争状态："各国人民作为国家，可以像单个的人那样来评判，各国在其自然状态中（亦即在对外在法则的独立性中）已经由于其相邻存在而受到侵害，而且每个国家都为了自己的安全起见，能够并且应当要求别国与它一起进入一种与公民宪政相似的宪政，其中每个国家的法权都能够得到保障。这就会是一种国际联盟。"[1]

在康德看来，为战争辩护的企图即便是虚伪的，至少也证明了"人身上可以发现一种更重大的禀赋，虽然它此时沉睡着，但有朝一日将主宰他里面的邪恶原则"，因为"如若不然，法权这个词就绝不会出自想要互相攻击的各国之口"[2]。

康德还认为，"商贸精神"也会促进和平。"这种精神与战争无法共存，而且迟早将制服每个民族。"因为战争不利于商业贸易，"金钱的力量"会迫使国家阻止战争的发生。然而，由此实现的和平并非源自"道德的动机"，而是出于"相互的自私"。在这种情况下，发挥作用的不是理性，而是"自然"凭借"人的偏好的机械作用"来维护和平。[3] 理

1　译文引自康德：《论永久和平》，见《康德历史哲学文集》，李秋零译注，中国人民大学出版社，2016年，第150页。

2　译文参照上书，第151页。

3　参阅上书，第163页。

性并不以自身利益为行事标准，这就是它与主观的偏好相对立的原因。

从康德的角度看，欧盟作为欧洲的自由贸易区，作为代表国家利益的政府间的合约联盟，不能算作理性的产物。只有当它从一个基于合约的联盟转变为一个民主的宪政联盟，对人类尊严、平等等人文主义价值做出明确规定，即形成道德宪法，它才称得上是以理性为核心的实体。然而，目前主导欧盟的金钱力量和商贸精神阻碍了这一发展。欧盟只有拒绝金钱的力量，即资本的霸权，才能转变为一个以理性为准则的宪政联盟（Verfassungsgemeinschaft）。

康德的永久和平理念在他对普遍"友善"（Hospitalität）即好客的要求中得到了最充分的表达：每个外来者都有权在另一个地域居留。"只要他在自己所到之处态度和善"，就可以在那里居住，不能受到敌意对待。康德认为，"没有任何人比其他人有更多的法权住在地球的某处"[1]。康德的理念实际上已经指向了世界的全球化，它必须与一种世界公民的宪政携手前行。

1　译文引自康德：《论永久和平》，见《康德历史哲学文集》，李秋零译注，第154页。

康德特别指出了"从事商贸的国家的不友善行为"。"它们在造访陌生国家和民族（对这些国家和人民来说，这种造访与征服他们被视为一回事）时表现出的不义达到令人吃惊的地步！"[1] 在此，康德痛斥了欧洲国家的残暴剥削行为以及惨无人道的奴隶制度。康德形容他们"享受不义如饮水"，同时却"希望自己在正信上被视为选民"[2]。他们在国外不会表现得像异乡客，而是如同强盗一般行事。与这些"欧洲野蛮人"不同，今天来到欧洲的难民或寻求庇护者表现得如同客人一样，而且是和平的。如果康德活在今天，这将会是他的判断。

友善并不是某种基于人类之爱（Menschenliebe）的乌托邦式观念，而是理性本身的必然要求："就像前述条款一样，这里说的不是仁爱，而是法权，而且在这里，友善（好客）意味着一个外地人不会由于自己抵达另一个人的地域而受到此人敌意对待的法权。"[3] 友善的理念"不是法权的一种幻想的和夸张的表象方式，而是既对国家法权也对国际法权

1　译文引自康德：《论永久和平》，见《康德历史哲学文集》，李秋零译注，第154页。

2　译文引自上书，第156页。

3　译文引自上书，第154页。

的未成文法典的一种必要补充，以达到一般而言的公共人权，并这样达到永久和平，唯有在这个条件下，人们才可以自诩在不断地接近永久和平"[1]。一些欧洲国家在当前难民危机中的不友善行为显示出一种巨大的风险、一种严重的倒退。这相当于一种新式的野蛮暴行。

康德意义上的理性表达了一种使其承载者超越自身利益的普遍准则。由于一些成员国以自身利益为至上而罔顾理性，欧盟当今的难民政策正面临失败风险。自利不属于理性（Vernunft）的范畴，而是知性（Verstand）的范畴。谋求自身利益可能是合理的，但并不是理性的。它缺乏道德性。被自利驱使的人并不遵循"道德的动机"行事。

自利是人的一种偏好，为了实现理性必须加以克服。顺从偏好会使我们失去自由。只有凭借在道德上立法的理性，我们才有望获得自由。由于难民危机最近出现了一种论调："只抱有同情的人缺乏知性。"对此康德会反驳道："只有知性的人缺乏理性。"如果有人指出收容无亲人陪伴的难民儿童所付出的高昂成本，那么康德则会提请人们重视这些儿童

1　译文引自康德：《论永久和平》，见《康德历史哲学文集》，李秋零译注，第156页。

的尊严，这份尊严必须不惜一切代价予以维护。成本属于知性的范畴，而尊严才属于理性的范畴。

如今德国的各商业协会一再强调，德国将通过移民获利，难民能填补技术工人的缺口，甚至将会减缓德国人口老龄化的速度，总之利大于弊。情况可能确实如此。但是，关于我们该如何对待难民的讨论必须抛开对利益的计算。

考虑利益问题等于把理性判断降级为精明算计。道德上的理性比算计的头脑更为重要。道德与商业和计算有着本质区别。在某种意义上，道德是盲目的，而正是这种盲目性使道德具有坚不可摧的力量，具有人性。

当今的超级资本主义唯一看重的就是价格，尊严没有地位。资本主宰今天的一切。"终身价值"指一个人作为客户，其生活全方位商业化后所能提供的总价值。在此，人被简化为客户价值或市场价值。这个概念的基础是将人的整个生命转化为纯粹商业价值的意图。超资本主义彻底消除了人的存在，把它变成了一张商业关系网络。我们如今的生活里没有任何领域可以逃脱商业化。超资本主义将所有人际关系都变成了商业关系。它夺走人的尊严，用市场价值取而代之。今天的世界已经变成了一家独特的百货公司。欧盟这家欧洲分店会向难民敞开大门吗？难民可不是百货公司的客户。

　　德国只有始终恪守人类尊严等道德价值，才堪当理性引领下的文化民族（Kulturnation）。我们不仅要表现出团结或同情，更重要的是遵循理性。理性远比单纯的同情更稳定和可靠。对德国来说，难民危机甚至可能是个重大的历史机遇，可以向全世界证明德国是个在道德上成熟、可靠的国家，一个理性主导的国家。

　　任何有关难民危机的民粹主义都是对理性的背叛。像维克托·欧尔班（Viktor Orban）这样的政客也完全回避理性，退化为康德所说的"欧洲野蛮人"。那些抨击难民、肆意对难民施暴的右翼极端分子所表现出的，正是康德抨击的"粗野、无教养和对人性的动物性贬抑"[1]。

　　在一直以来不大被关注的《论永久和平》的附录部分，康德在"就永久和平论道德与政治之间的不和"一章中，强调了将政治与道德统一起来的必要性。康德认为，道德是"无条件地颁布命令的法则的总和"，"真正的政治若不先尊重道德，就会寸步难行"[2]。时至今日，道德和政治仍然互

---

[1]　译文引自康德：《论永久和平》，见《康德历史哲学文集》，李秋零译注，第150页。

[2]　译文引自上书，第164、174页。

不相容，因为政治不服从理性的法则，只服从经济的约束，而经济不是理性的范畴。在经济领域，道德让位于"明智学说"（Klugheitslehre），或者说是一种"准则理论"，即为算计好处的意图选择最适当的手段。这意味着"否认在根本上有道德的存在"[1]。

如今，政治已然在逐渐衰退，用卢曼（Luhmann）[2]的系统理论话语来说，它正在退化为一个以权力为媒介的子系统，而经济正在扩张成一个把社会全部领域变成其子系统的超级系统。就连道德体系也被这个超级系统据为己有，毕竟适度的道德在如今也是颇有销路的。政治作为从属的子系统，完全依赖于经济，因此几乎无法对经济体系构成影响。政治子系统内存在的行动途径被弱化，成为单纯的权力护卫。人们如此这般利用一切手段来维护权力，哪怕对未来的幻景都可能是权力的阻碍。

政治必须重新服从"道德性的动机"以及相对应的价值，如团结、正义和人类尊严。这要求政治抵挡住"金钱的力量"，也就是资本的霸权，或至少让其退居从属地

---

1 译文引自康德：《论永久和平》，见《康德历史哲学文集》，李秋零译注，第165页。

2 20世纪德国最具影响力的社会学家之一，社会学系统论的代表人物。

位。没有道德性的政治使欧盟沦为一个越来越不义的市场或是百货商店，但百货商店（Warenhaus）不是待客的客栈（Gasthaus）。欧洲必须超越商贸精神，摆脱自私自利，以好客的形象示人。

谁是难民？*

Wer ist Flüchtling?

汉娜·阿伦特曾写过一篇题为《我们难民》（*We Refugees*）的文章，于 1943 年发表在《烛台杂志》（*The Menorah Journal*）。在该文中，阿伦特对难民的概念提出了区别于传统意义的独特见解，令人心悦诚服。她写道："所谓难民，迄今为止指的是因其行为或政治观点而被迫寻求庇护者。然而，我们之中的大多数人连做梦都未曾想过会持有某种激进的政治观点。'难民'这一概念的含义已经因我们而改变了。如今，'难民'是我们之中那些'不幸的人'——'不幸'穷困潦倒地来到了一个新的国家，不得不依靠难民委员会的帮助。"比起"难民"，他们更愿意称呼自己为"新来者"

---

* 本文原载：*Frankfurter Allgemeine Zeitung*, 24. Januar 2017.

或"移民"。阿伦特在此所想的是一个全新的或者正在形成的难民形象，他们只是为了更好的生活而去到一个新国家的人。

阿伦特提到一种"乐观的难民"："我们当中最乐观的人甚至会认为，自己从前的整个人生都是在一种无意识的流亡中度过的，从新生活中他们才开始了解何为真正的家。一年后，这些乐观主义者已确信自己讲英语和母语一样好；两年后，他们郑重发誓，自己的英语水平已胜过其他任何语言——他们几乎快把德语忘光了。"为了忘记过去，这种难民避免一切对集中营和拘留所的映射，以免自己被当作悲观主义者。阿伦特引用了一位刚到法国就成立了一家所谓适应协会的同胞的话："我们在德国是优秀的德国人，因此我们在法国也将成为优秀的法国人。"阿伦特认为，理想的移民应该像"那种身材丰腴的女人，任何一件新衣只要符合她称心的腰身，她就会感到欣喜"。

从阿伦特的意义上说，我自己就是个乐观的难民。我来到新的国家是为寻求一种我在家乡不可能实现的生活。彼时家乡的社会期望及社会传统结构不允许我背离主流，以完全另类的方式生活甚至思考。我当时22岁，在韩国念完冶金专业，想到德国学习哲学、文学和神学。在首尔的大学校园里，我常常凝望天空，觉得它美极了，但我不想在如此美丽的天空下做冶金学家度过一生。我梦想着更美好的生活，我想对生活进行哲学思考。于是，我在22岁的时候逃到了德国，没有钱，充满困惑，几乎不懂德语。

同所有乐观的难民一样，起初我是与社会隔绝的。这是非常痛苦的经历，所以我非常理解今天的难民有多苦，对此我感同身受。那时我的德语很差，难以融入社会。语言能力的不足是我在努力适应生活（我不想说所谓的融合）时面临的主要障碍。然后，爱情成了适应新生活的最佳策略。我当时的想法很简单，如果遇到一个爱我的德国女人，她为了解我，了解我对她的看法、对她的感觉等等，就会听我说话，迅速教会我德语。于是我疯狂学习，不放过任何一个德语单词。我立志要讲一口同德国人一样的德语。众所周知，威利·勃兰特（Willy Brandt）就采用了这种策略。在流亡的短短几个月里，他便开始用挪威语写文章和发表演讲。他以化名古纳尔·加斯兰德（Gunnar Gaasland）在柏林从事地下活动时，讲的是带挪威口音的德语。达到这种程度，他凭借的显然不仅仅是语言天赋，还有他对语言的强烈渴望，对爱的渴望，这极大地加速了他对一门外语的掌握。

到德国一年后，我认为自己的德语水平已超过其他任何语言，就如同阿伦特所说的那种最乐观的难民。爱国（Patriotismus）在阿伦特看来也是个纯粹的"实践课题"（Übungssache）。她认为的"理想移民"是"那种很快就能发现当地的山岭并爱上它们的人"。这样的移民是爱国者，是爱一方土地的人。他们热爱自己开始新生活的国家。我也爱这个国家。我加入了德国国籍，同时放弃了我的韩国护照。现在我是个德国人，我讲德语比母语更好。只有和母亲说话时我才说韩语，母语现在对我来说已经变得生疏，真的退化成了纯粹的"母"语。我爱德国。我甚至会称自己为爱国者，爱这方土地之人。我绝对比佩特里、高兰德和霍克加起来更爱国。他们用不负责任的民粹主义侮辱德国——我的国家，一个据我的经验来说一直是非常好客的国家。

在原居住国是好公民的人，到了新国家也会成为好公民。对于这些"新来者"我们应该始终抱持欢迎的态度。在原居住国如果是罪犯，比如阿尼斯·阿米尔，在新国家他也会是罪犯。我们要将这样的人拒之门外。当然，我们也应该为新来者提供一个让他们能成为好公民的环境。

然而，做一个好公民又意味着什么？我是第二个在柏林艺术大学成为教授的韩国人。第一个韩裔教授名叫尹伊桑（Isang Yun），是著名的作曲家。他曾经也是个积极投身政治的人。20世纪60年代，他对当时韩国的军事独裁政权进行过强烈抗议。1967年，他在德国被韩国特工绑架，后在首尔被判处终身监禁。提前获释后他回到德国，当时已被韩国当局剥夺了韩国国籍。他成了难民，并加入了德国国籍。但也许，和汉娜·阿伦特一样，他也会否认自己是难民。他可能会借用阿伦特的话说，"我是个优秀的、乐观的移民"。他的德语极好。

成就一位好公民的基础取决于其自身的思想态度。好公民认同自由、博爱和正义这样的道德价值。即使好公民反对现行政治体系的行为可能使他获罪，但基于他的道德（康德意义上的）信念，他依然是好公民，也是爱国者，是热爱一方土地和人民之人。

在尹伊桑生命的最后几年里，他对统一后的德国公然爆发的仇外情绪感到绝望。群众聚集在罗斯托克-利希滕哈根被点燃的越南合同工宿舍外鼓掌的情景，令他震惊错愕。他很失望，因为他爱德国。我也认为罗斯托克事件是一场集体迫害。当前，排外情绪因大规模难民涌入在德国和其他欧洲国家重新抬头，我为此感到忧虑。我很想再次逃到一个梦想之地，一个好客的国家，在那里我会再次彻底地成为一个爱国者、一个热爱一方土地之人。

美在陌生者之中 *

Die Schönheit liegt im Fremden

何谓欧洲？如何定义欧洲？当今所有的自由主义政党都信奉欧洲，可他们信奉的究竟是什么呢？一个在地理上界定的大陆？还是一种理念？

如果欧洲是基于某种理念建立的，那么这个理念是什么？欧洲在地缘上的起点和终点在哪里？例如，欧洲目前正试图在经济和军事上与俄罗斯保持距离，但俄罗斯在地理和文化上都属于欧洲。

欧洲真的是唯一选择吗？如今，欧洲的替代方案就像德国的替代方案一样，彻底受右翼民粹主义政党左右，甚至可

---

* 本文原载：*Die Welt*, 24. November 2017.原题为《德国人应继续做德国人》（Deutsche sollten Deutsche bleiben）。

以说几乎被他们垄断了。[1]

难道真的没有能够得到自由主义政党全力支持的欧洲替代方案吗？欧洲如今失去了方向，毫无头绪地在政治讨论中徘徊。如果不从地理而是从概念方面，是否能更准确地理解欧洲的含义？若对欧洲仔细打量，会发现它显得神秘而诡异。

欧罗巴（Europa）这个名称源于古希腊语 *europe*，是由 *eurys*（广阔的）和 *ops*（视野）组成的复合词。因此，欧洲一词本意即指视野广阔之地。

这其实是个美妙的名字。在希腊神话中，欧罗巴是一位腓尼基公主的名字，她被变身为公牛的宙斯拐骗到了克里特岛。欧洲的祖先竟然来自东方。

作为一个地理名词，欧洲最初仅限于伯罗奔尼撒半岛，后来希腊历史学家希罗多德将其扩展到地中海以北的陆块。

但仅从地理上对欧洲进行定义是不合理的，它与亚洲之间并没有明确的界限。欧洲也是一个由历史变迁决定的概念，是可以被解构的。今天的欧洲正在退化为一个纯粹的经

1　此处指右翼民粹主义政党"德国选择党"（AfD）的异军突起。该党目前已成为德国第三大党。

济概念。

以俄罗斯港口城市符拉迪沃斯托克（海参崴）为例，它比朝鲜更靠近东部，那里的居民是欧洲人吗？他们的邻居是亚洲人？日本人或中国人不会主动称自己为亚洲人。

如果一个德国人对我说："你这个亚洲人！"这听起来往往是冒犯、挑衅，甚至可能是歧视、侮辱。至少在朝鲜和俄罗斯的边界，欧洲的概念就已经不稳固了。

德国人更偏爱抽象概念。"德国是怎样的"就是个非常典型的德国问题。但是没有韩国人会问"韩国是怎样的"。对于这个问题，韩国人会回答泡菜或拌饭。

相比之下，德国人很乐于思考"何谓德国"这一问题。他们会坚持不懈地得出一个定义，或找出其"本质"。

阿多诺也认为有必要对德国给出一个定义，他在《何谓德意志》（"Was ist deutsch?"）一文中以其特有的语言风格写道："凭借对事物的存在方式不应成为最终定论这一理念的忠实，而不是通过对何谓德意志这个问题的无望求解，才可以猜想这个概念宣称的意义：向人性的转变中。"

阿多诺提升了"德国人"的形象，使其成为市场和资本主义的反形象，与在他看来已对市场和资本主义言听计从的美国人形成对比。因此，身为德国人意味着有义务实现与资本主义彻底决裂的人性。

今天的欧洲是个凌驾于人民利益之上的抽象的经济概念。它毫无保留地融入了全球。在任何地方，这个作为抽象经济概念的欧洲都会引发不适。一切抽象性都会抵消差异，这就是其暴力所在。

全球化将一切地域差异强行抹杀，以加速资本和交际的循环流动。这种使一切同质化的全球化暴力唤醒了对身份的渴望，而右翼民粹主义政党利用的正是这种渴望。

消除一切差异的全球化相当于世界的完全货币化，它剥夺了人的意义和方向。全球化的去地方性暴力（ent-ortende Gewalt）唤醒了人们对地方（Ort）的渴望。分离主义和身份主义运动是对全球去差异化暴力的非理性反应，在这一点上与国际恐怖主义别无二致。恐怖分子活在幻想中，以为可以通过强制手段获得某种意义。

当今的欧洲不过是个官僚经济体，一个筑起围墙和栅栏以免不受欢迎的客人擅自进入的自由贸易区。全球化使一切变得相同，变得可比较。

陌生性统统被驱除。他者的独特性扰乱了无视我们思想的全球性。面对全球性的优势力量，人们用民族主义、地方主义和排外主义予以回应，然而这些主义却都标榜自由和独立。加泰罗尼亚就是这方面的典型例子。

鉴于这种发展态势，欧洲人并不是一个值得追求的身份。最好还是继续做个德国人，同时从他处获得启迪。比起成为一个同质的欧洲人，做个受德国启发的法国人才更令人向往。

在今年的法兰克福书展上，法国总统埃马纽埃尔·马克龙表示，他是通过瓦尔特·本雅明发现波德莱尔的。一个德国人，一个德国犹太人，引领一个法国人去读波德莱尔。陌生者为他破解了自己的文化。

法国人通过德国人，通过德国犹太人的介绍才发现了本己（das Eigene）。这说明陌生者（das Fremde）是本己的重要构成。没有陌生者，我们是看不到本己的。

法国歌手芭芭拉（Barbara）是法裔犹太人，她在 1964 年造访哥廷根时，在这个陌生城市找到灵感，创作出优美的歌曲《哥廷根》，为她赢得了世界声誉。正是芭芭拉对他者的想象赋予哥廷根一个独特的身份。在芭芭拉的歌咏中，哥廷根是个爱与和解之地：

> 那里当然没有塞纳河
>
> 也没有文森森林，
>
> 但仍有许多值得称颂
>
> 在哥廷根，在哥廷根。
>
> 人们总是歌颂巴黎，
>
> 从没为哥廷根咏唱，
>
> 爱也在那里绽放，
>
> 在哥廷根，在哥廷根。

在黑格尔看来，和解意味着普遍与特殊的调和。从这个意义上讲，今天的欧洲不是和解的产物，因为它把自己扮成后政治的、官僚主义的权力，反对特殊，或对其视而不见。

和解也意味着自由。如果特殊服从于抽象的普遍，那么特殊就是不自由的。抽象的普遍激起了各种各样的反抗。

就我个人而言，我并不一定要把德国当作家乡。德国始终是我的美好异乡，我乐于一直做个受陌生者启发的异乡人。这丝毫不影响我成为一个爱国者，我也热爱这方土地，因为我把德语当成外语，把德国当作异乡来爱。

我也喜欢外币。去意大利或法国旅行遇见同一种货币时，我总是感到错乱。对我来说，在旅行中拿到外国钞票从来都是一种乐趣，而这份特殊的乐趣被各地使用一样的欧元剥夺了。

小时候我热爱集邮，邮票唤醒了我对陌生者的想象。推行欧洲邮票将会是件可怕的事情。异乡对我有一种诱惑力。同质化、全球性对我没有吸引力，我也不会受其蛊惑。我认为，思想钟爱陌生者。若陌生者缺席，灵感便会枯竭。

芭芭拉不会渴望成为一个欧洲人。她是法裔犹太人，出于对和解的责任也用德语演唱了《哥廷根》。芭芭拉的德语很漂亮。在我看来，陌生性是美不可或缺的部分。一切真正的美都是陌生的。

消除了所有陌生性的全球英语体现了语言的绝对萎缩。德国人用全球通用的英语交谈显得很怪异。德国人应该仍然是德国人。他们应该尽可能地发展出更多特质，而不必为此感到内疚。

法国人不应该变得更欧洲化，而应该更法国化，但是不要拥护"国民阵线"（Front National）[1]。彼此陌生并不是一定

1　法国右翼民粹主义政党。

要避免的事情。如今我们拼命清除陌生性，不过因为它阻碍了资本和信息的全球性交换。

我们为自己争取一种虚假的本真性，但实际上我们已经成了顺应时势者，已经彻底屈服于"与众不同"的顺势主义。

如果每个人都能成为欧洲一词原意上的欧洲人，即视野开阔的人，和平终会在我们这个星球出现。视野开阔的另一种表达是理性。欧洲绝对称得上是一个孕育了理性概念的文化体。

启蒙运动是欧洲的一项成就。然而，今天我们正越来越远离理性，被迫躲到右翼民粹主义者的神话中避难。理性要求的并不是建立一个欧洲，而是如康德在《论永久和平》中所述，培养友善好客的精神。

牢记这点在如今这个充满敌意的时代很有必要。仿照阿多诺的观点，我认为，身为欧洲人只不过是"在向人性转变"。在这个意义上，我很愿意成为一个欧洲人。

万事皆匆促 *

Alles eilt

由于不安定，我们的文明堕入了一种新的野蛮。劳作者，即不安定者，比任何时候都风光。所以必须对人类的特质进行必要的修正，使安逸的因素得到大规模的加强。

——弗里德里希·尼采《人性的，太人性的》[1]

不是所有的时间形式都可以加速。对仪式性的行为提速是一种亵渎。礼俗和仪式有自己的固有时间、韵律和节奏。一切与季节相关的行为活动也无法加速。爱抚、祈祷或仪式

---

* 本文原载：*Die Zeit* 25/2013. 原题为《万事皆匆促：我们如何体验时间》（"Alles eilt. Wie wir die Zeit erleben"）。

1 译文引自弗里德里希·尼采：《人性的，太人性的》（上卷），魏育青译，华东师范大学出版社，2008年，第242页。

列队（Prozession）不能加速。所有叙事的过程，包括礼俗和仪式，皆有自己的时间。与计算不同，叙事不容加速。加速会破坏叙事的时间结构，即叙述的韵律和节奏。

信息处理器（Prozessor）可以随意提速，因为它的工作方式是纯粹加法式的，而不是叙事性的。它与仪式列队的根本不同就在于此，后者是一种叙事性的事件。今天，一切礼俗和仪式都被抛弃了，因为它们阻碍了信息、交流和资本的高速循环。所有不服从效率逻辑的时间形式都被淘汰了。

加速是当今时代危机的代名词，一切都变得越来越快。减速的做法已被提出，并且到处受到推崇。然而，真正的时代危机并非加速，而是我们已经失去了那些无法加速的时间形式，那些能让我们体验持久性的时间形式。如今，所有的时间都变成了工作时间，它是可以加速和充分利用的时间形式。在这一现状之下，任何减速做法都不会创造出另一种时间。减速做法只是减慢了工作时间，并不是将其转化为完全不同的时间。

如今，体验持久性近乎不可能，因为工作时间不容许这件事发生。工作时间不是叙事性的，而是一种加法时间，一种被堆叠起来的时间。持久性的缺席令我们觉得万事都在加速。然而，持久性消失的原因并非加速，那不过是人们的误解。确切地说，正因为时间不再有任何驻留，没有任何事物赋予时间持久性，它才会像雪崩一般倾泻而过。当下的时间点之间不再有任何时间上的吸引和张力，因为它们仅仅是累加式的。其结果是时间的飞逝，导致了无方向、无意义的加速。

感知赋予时间持久性。感知匮乏也是我们如今这种无休止、无方向的交际的肇因。交际之间的空白仿佛死亡一般，必须通过更多的交际迅速将其抹去。但这种努力是徒劳的，仅靠交际的加速并不能消除死亡。

当今的绩效社会把时间和工作捆绑在一起，从而把时间本身当作人质拘禁。对绩效的强制追求制造了加速的压力。工作本身并不一定具有破坏性，正如海德格尔所言，它可以带来"一种强烈但健康的疲倦"。然而，绩效强制会引发一种心理压力，即便实际干的活不多，这种压力也会把人的精神耗尽。倦怠并非工伤，而是一种绩效病。它的致病原因不是工作本身，而是绩效这个摧残精神的新自由主义原则。

作为工作间歇的休息只是工作时间的一个阶段，并非另外一种时间。如今，我们只有工作时间。我们早已失去了节日的时间。节日前夕收工（Feierabend）对我们来说已是相当陌生的想法。节日的时间不是放松或缓解工作疲劳的时间。节日标志着一种完全不同的时间的开始。节日和庆祝活动都有宗教渊源。拉丁语*feriae*源于宗教仪式，指用于宗教活动的时间。*fatum*指神圣的、供奉神灵的地方，也就是用于宗教活动的祭礼场所。

世俗的（profan，字面意思为"位于圣域之前的"）活动结束时便是节日开始的时候。节日时间与工作时间截然相反。节日前夕收工预示着一个神圣时刻即将到来。一旦撤销将神圣与世俗隔开的边界或门槛，剩下的就只有平庸和日常，即苍白的工作时间。工作时间是世俗化的时间，不包含游戏和节日。绩效强制充分利用了这种时间。

如今，我们不仅带着工作时间去度假，还把它带进睡眠，所以我们今天总是睡不安稳。休息也不过一种工作模式，其目的只是劳动力的再生。由此看来，休息不是工作的他者，而只是工作的现象（Erscheinung）。减速或缓慢也是劳动时间加速的结果，因此它们也不能带来任何其他时间。与普遍看法相反，减速并不能解决当前的时代危机。减速没有治愈作用，它只是一种症状。症状是无法用来治病的。减速本身并不能把工作变成节日。

今天我们迫切需要的不是减速，而是一场能够开启一种完全不同的时间的时间革命。加速的时间是"自我时间"（Ich-Zeit），是我自己使用的时间。但还有另一种时间形式，即他人的时间，指的是我给别人的时间。他者时间（Zeit des anderen）作为赠予是不能加速的，而且它还摆脱了绩效强制。当今，新自由主义的时间政治已彻底摒弃了他者时间，摒弃了馈赠。我们现在需要不同的时间政治。不同于使我们孤立、把我们打散的自我时间，他者时间创造共同体、集体的时间。这才是美好的时间。

爱欲击败抑郁 *

Der Eros besiegt die Depression

《哲学杂志》：我们先从您的背景谈起吧，因为您的背景相当与众不同。是什么原因吸引一位韩国人来到德国？为什么一位冶金学家成了哲学家？

韩炳哲：生活中存在着某些无法解释的中断和转变。也许我当初做出这个不寻常的决定与我的名字有关。阿多诺说过，名字是一串我们不理解但又不得不遵从的首字母（Initialen）。汉字的"哲"（Chul）在发音上既有"铁"也有"光"的意思。在韩语中，哲学意为"光的科学"。所以我可能只是追随了自己的名字。

---

* 本文是与《哲学杂志》编辑罗纳尔德·杜克（Ronald Düker，德国文化学者、记者）和沃尔夫拉姆·艾伦伯格（Wolfram Eilenberger，德国哲学家、作家）的对谈。原载：*Philosophie Magazin* 05/2012.

《**哲学杂志**》：然后来到德国……

韩炳哲：是的，我拿到位于哥廷根附近的克劳斯塔尔工业大学冶金学专业的录取通知后来到德国。当时我对父母说，将在德国继续攻读冶金专业。我不得不对他们撒谎，否则他们不会放我走。其实我就是去了一个完全不同的国家，那里的语言我不会说也不会写，然后全身心地投入到一个完全不同的学习过程中。那就像一场梦。当时我 22 岁。

《**哲学杂志**》：您的《倦怠社会》(*Müdigkeitsgesellschaft*) 不仅在德国是畅销书，现在在韩国也备受追捧。您如何解释这一现象？

韩炳哲：确实，这本书在韩国的销量和斯特法纳·黑塞尔（Stéphane Hessel）的《请愤怒吧！》(*Empört euch!*) 在德国的销量一样好。显然，韩国人对这本书的基本论点是有共鸣的：今天的绩效社会是一个自发的自我剥削的社会，而且即使没有统治也会发生剥削。韩国是一个处于过劳症最后阶段的倦怠社会。事实上，在韩国到处都能看到睡觉的人。首尔的地铁车厢和卧铺列车没两样。

《**哲学杂志**》：从前不是这样的？

韩炳哲：我上学的时候，教室里挂着裱框的格言警句，包括耐心、勤奋等观念，都是规训社会的经典口号。而今，这个国家已经变成了绩效社会，而且这种转变比其他任何地方发生得更快、更粗暴。新自由主义的最严酷版本来得猝不及防，谁都来不及做任何准备。突然之间，整个社会强调的不再是必须或应该，而变成了"能够"。如今的教室里遍布"是的，你可以！"这样的口号。在当前这种情况下，我的书可能起到了解毒药的作用。也许它的畅销是一种批判意识的预兆，尽管这种意识才刚刚开始显现。

《哲学杂志》：新自由主义的绩效伦理究竟有什么问题？

韩炳哲：问题在于它非常狡诈，因此破坏力极大。我告诉您这种狡诈是如何生成的。卡尔·马克思对一种由外部统治来管理的社会提出了批评。在资本主义制度中工人受剥削，这种他人剥削在一定的生产水平之下达到极限。我们今天自愿接受的自我剥削则全然不同。自我剥削是没有极限的！我们自觉自愿地剥削自己，直到彻底累垮。如果我失败了，责任则全在我自己。如果我不堪重负，如果我破产，也只能怪自己。自我剥削是一种没有统治的剥削，因为它完全是自发、自动的。正因为它打着自由的旗号，剥削的效率才会如此之高。一个抵抗这个体系的集体，一个"我们"，却从来就没有形成过。

《哲学杂志》：您用肯定性和否定性这对特别的概念对我们的社会进行诊断，而且您指出了否定性的消失。否定性的价值是什么？该如何理解您所说的否定性？

韩炳哲：否定性是会引发免疫性防卫反应的东西，因此他者是否定性的，它侵入自我，试图否定、摧毁自我。我说过，我们如今生活在一个后免疫（postimmunologisch）时代。今天的心理疾病，如抑郁症、多动症或过劳症，不是由病毒性或细菌性的否定性引发的传染，而是由肯定性过度造成的梗塞。暴力不仅来自否定性，也来自肯定性；不仅来自他者，也来自同者。肯定性或同者的暴力是一种后免疫式的暴力。病原是这个系统的肥胖。我们都知道，脂肪没有免疫反应。

《哲学杂志》：抑郁症在多大程度上与否定性消失有关？

韩炳哲：抑郁症是一种病态的自恋式自我指涉的强化表现。抑郁症患者深陷自我之中，直至溺亡。他们已经失去了他者。不知您是否看过拉斯·冯·提尔（Lars von Trier）的电影《忧郁症》（*Melancholia*），主人公贾斯汀就是我的观点的一个例证：她之所以抑郁，是因为她被自我消耗得精疲力竭。她将全部的力比多都集中于自身的主体性，所以失去了爱的能力。后来，一颗行星出现了，名为忧郁星。在同者的地狱里，全然他者（das ganz Andere）会以末世启示者的形象现身。这颗带来灾难的行星作为全然他者出现，把贾斯汀从自恋的泥沼中救了出来。面对这个灾星，贾斯汀感到真正活了过来。而且她也发现了他者，于是开始关心姐姐克莱尔和她的儿子。这个星球点燃了她对情欲的渴望。爱欲，也就是与他者的关系治愈了抑郁症。灾难同时也带来了救赎。顺便说一句，灾难（Desaster）这个词源自拉丁语 *desastrum*，即不祥之星的意思。忧郁星就是一颗不祥之星。

《哲学杂志》：您的意思是只有灾难才能拯救我们？

韩炳哲：我们生活在一个只求生产、只求肯定性的社会。为了加快生产和资本循环，这个社会摒除了他者和否定性。唯一许可的差异是可消费的差异。被剥夺了他性的他者无法被爱，只能被消费。也许这就是如今人们对"启示"重新产生兴趣的原因。

《哲学杂志》：您能否为我们提供一个更简洁易懂的

"他者"定义？

韩炳哲：他者也即对象（Gegenstand），甚至可以说是体面（Anstand）。我们已经失去了从他者中看到他性的能力、节操，因为我们用舒适（Intimität）淹没了一切。他者是某种对"我"的怀疑，能使"我"摆脱自恋的内在性。

《哲学杂志》：但是，在最近的一系列"占领"式抗议行动[1]中，不是出现了一个正在形成的反抗的"我们"吗？这个"我们"不是在以证券交易所和市场为代表的系统中认出了他者，并试图对其进行攻击吗？

韩炳哲：这还远远不够。股市崩盘不是"启示"，它是个必须迅速解决的内部系统问题。警察带走的三五百人能改变什么呢？这远远不是我们需要的那个"我们"。末日启示是个特异性事件（atopisches Ereignis）。它属于完全不同的范畴。

《哲学杂志》：那出路在哪里呢？

韩炳哲：没有全然他者的社会就是没有爱欲的社会。文学、艺术、诗意也仰赖于对全然他者的渴望。当今的艺术危

1　指2011年起发生的全球性非统一抗议运动，始于9月纽约的"占领华尔街"行动，随后抗议浪潮蔓延至多个国家和地区。

机或许就是一场爱的危机。我可以肯定地说，我们很快就读不懂保罗·策兰（Paul Celan）的诗了，因为那些诗是写给全然他者的。我们用新的传播媒介消除了他者。策兰在一首诗中写道："你如此之靠近，又仿佛已经离开。"这就是问题的关键！不在场（Abwesenheit）是他者的基本特质，这就是否定性。因为他者不在这里，所以我才可以讲述。只因如此，才会有诗歌。爱欲指向的是全然他者。

《哲学杂志》：那么爱将会成为乌托邦，成为一种无法兑现的选择。

韩炳哲：欲望是被不可能激发的。但是如果不断地传递"你可以""一切皆有可能"这种认知，就像广告里表达的，那么这意味着情欲的终结。因为我们误以为自己完全自由，我们有太多的选择，所以不再有爱。他者当然是你的敌人，但他也是你的爱人。这就像中世纪的宫廷爱情，如同雅克·拉康（Jacques Lacan）所说，它是个聚满欲望的黑洞。如今我们已经不认识这个黑洞了。

《哲学杂志》：我们不是用信奉透明取代了信奉超验吗？现在几乎没有什么比透明更重要的，尤其在政治上。

韩炳哲：是的，神秘是否定性的，其特点是剥夺。超验也是一种否定性，而内在性是肯定的。因此，过度的肯定性会表现为内在性的恐怖。透明社会是一个肯定社会。

《哲学杂志》：您如何解释对透明的崇拜？

韩炳哲：首先我们得理解数字范式。我认为数字技术是一个历史转折点，就像文字或印刷术的发明一样是富有戏剧性的。数字本身推动了透明。我按下一个电脑按键，马上就会得到结果。透明社会的时间性表现为即刻、实时。任何阻塞，任何信息阻塞都不再被容忍。一切都要当下立见。

《哲学杂志》：海盗党认为，这种即时性对政治只有好处。

韩炳哲：关于这点，"液态反馈"（Liquid feedback）可能是揭示问题的关键词。看起来，代议民主似乎造成了不堪忍受的时间阻滞。但这种观点带来了巨大的问题，因为有些事物不具有即时性，是必须先酝酿成熟的。政治应该是一种实验，一种结果开放的实验。但只要实验还在进行，结果就不得而知。只要某个愿景有待实现，就需要时间的阻滞，因此海盗党谋求的政治必然是一种没有远见的政治。在企业行为方面也是如此。各种评估无休止地进行，每天都必须要达到最佳结果，因此不再可能去推动长期的项目。数字化的习惯也意味着我们会不断改变自己的立场。因此，不会再出现政治家了。政治家是坚持某种立场的人。

《哲学杂志》：您认为这一切都是新技术的结果吗？

韩炳哲："数字化"（digital）究竟是什么含义？这个词源自拉丁语 *digitus*，意为手指。在数字化的世界里，人类的行为活动简化成了指尖运动。其实人的行为活动历来就与手（Hand）相关，所以才会有行动（Handlung）、手艺（Handwerk）等概念。但今天我们只动手指。这就是存在的数字化之轻。然而，真正意义上的行动总是戏剧性的。海德格尔对手的拜物化已经在向数字化提出抗议。

《哲学杂志》：我们是否还能采取行动和进行实验的问题，也反映了另一个事实：在这个新的数字化逻辑中，不再有领导者，这是没有领袖的政治。

韩炳哲：海盗党就是这种情况。领导者是一种特别的工作。如果你想当领导者，就必须得有长线思维。领导者是着眼未来的人。如果我进行一项政治实验，就必须要敢于冒险，因为我进入了一个无法计算的空间，结果不会立竿见影。从开路先锋的意义上说，领导者涉足的是不可估量的领域。然而，与数字化密切相关的透明性则力求实现全面的可预见性，一切都必须可计算。但行动是无法计算的。能计算的不是行动，而只是一道算题、一纸账单。行动始终在不可预估之地着陆，是走向未来的。这意味着透明社会是没有未来的社会。未来是全然他者的时间维度。而今，未来不过就是优化的当下。

《哲学杂志》：对即时性的极度推崇不也是幼稚化的表现吗？就像三岁小孩无法忍受父母没有立即给他们想要的东西。

韩炳哲：当然。数字化把我们幼稚化了，因为我们无法再等待。想想爱情的时间性是如何消失的。"我爱你"这句话是对今后的承诺。那些明确指向将来的人类行为，如责任、承诺，如今都在逐渐消失。知识、认知或经验也都有延至未来的时间跨度。相反，信息或事件的时间性就是当下。信息社会产生了一种新的疾病，叫作信息疲劳综合征（Information Fatigue Syndrom, IFS）。它的症状之一是分析能力瘫痪。被信息淹没的人们显然已无法认清本质和非本质。这个病还有一个奇特的症状，就是无法承担责任。

《哲学杂志》：透明社会也被您称为色情社会，为什么？

韩炳哲：透明社会之所以是色情社会，是因为一切都是可见的。可见性被绝对化了，不再有任何秘密。资本主义把一切都当作商品来展示，让一切曝光、可见，这无疑加剧了社会的色情化。展示价值的最大化成了人们极力追求的目标。对资本主义来说，性没有其他用途。情欲的张力并非来自持续展示裸体，而是源自一种时隐时现的视觉效果。中断的否定性赋予裸体一种情欲魅力。

《哲学杂志》：所以色情毁掉了情欲。

韩炳哲：是的。想想福楼拜《包法利夫人》中的美妙一幕：莱昂和艾玛的马车之旅。他们漫无目的地在整个城市兜风，但福楼拜没有向读者透露马车里发生了什么，只是细数了途经的广场和街道。最后，艾玛把手伸出窗外，手中的碎纸片像蝴蝶一样飘到了长满三叶草的田野上。她的手是整个场景中唯一的赤裸之物。这是可以想象的最撩拨情欲的片刻，因为你什么都看不到。在我们生活的超可见性（Hypervisibilität）环境中，这样的事物已经无法想象了。

《哲学杂志》：在这个同者的地狱里，哲学的作用是什么？

韩炳哲：对我来说，哲学是构想一种完全不同的生活方式的尝试，至少在理念上对不同的生存构想进行实验。亚里士多德已经为我们做了示范。他提出了"沉思的生活"（*vita contemplativa*）。今天的哲学早已面目全非，已经成了同者地狱的一部分。海德格尔曾在一封信中把思想比作爱欲。他说，爱欲扇动的翅膀将他的思想带入未知之境。也许哲学就是一种爱抚，通过爱抚把形式和语言范式留在沉默他者的身上。

《哲学杂志》：您现在是教授了，但您和学院派哲学的关系并不是一直都很融洽，是这样吗？

韩炳哲：如您所知，我现在是一所艺术学院的哲学教授。对于大学的哲学系来说，我可能太活泼了。很遗憾，德国的学院派哲学已是死水一潭，毫无生气。今天的学院派哲学不触及当代，不讨论当代社会问题。

《哲学杂志》：您认为思想面临的最大挑战是什么？

韩炳哲：今天有太多事物和事件需要进行哲学探讨。对我来说，抑郁症、透明性甚至海盗党都是哲学问题。尤其数字化和数字网络，是今天的哲学面临的特殊任务和挑战。我们需要一种新的人类学，或者说数字化人类学，一种关于认识和感知的数字理论。我们需要一种数字化的社会哲学和文化哲学。海德格尔的《存在与时间》早就应该进行"数字化升级"了。

《哲学杂志》：您说的"数字化升级"是什么意思呢？

韩炳哲：海德格尔用此在（Dasein）代替了主体，我们现在需要用项目（Projekt）代替主体。我们不再是"被抛"的，我们没有"命运"（Schicksal）。我们是筹划的项目。数字化使海德格尔的"物"彻底消失不见，创造了一种新的存在和一种新的时间。我们必须敢于提出新理论，而学院派哲学在这方面过于谨慎了，我希望它更有胆识。"精神"的本意为不安或激动（Ergriffenheit）。从这个意义上说，学院派哲学是没有精神的。

资本主义不喜欢安静 *

Der Kapitalismus liebt die Stille nicht

奥斯特迈尔：我们是否能用贪婪来解释金融市场的失控？

韩炳哲：用贪婪解释资本主义是远远不够的。我一直认为，是死亡驱力在起作用。也许我们是在自我毁灭，为了产生增长而毁灭。没有革新力量的出现。革新的前提是尽快让事物过时，这实质上是个破坏引擎。今天，事物从一开始就没有生命力，出生即死亡。当急剧增长的生产因缺乏销售市场而以反常的方式进行自我释放，就会发生战争。战争以反常的方式搞破坏，消费则是以正常的方式。我们为和平而消

---

* 本文是与托马斯·奥斯特迈尔（Thomas Ostermeier，德国著名戏剧导演、柏林邵宾纳剧院艺术总监）和弗洛里安·博赫迈尔（Florian Borchmeyer，德国导演、电影制片人、文学批评家）的对谈。原载：*1. Spielzeitheft der Schaubühne am Lehniner Platz* 2013/14.

费。（笑）遭破坏的不仅是自然，还有精神……

奥斯特迈尔：……以及对个人的破坏。您在《倦怠社会》中描述的就是对人类心灵的一种破坏……

韩炳哲：是的。这就是为什么我说它是死亡驱力……

博赫迈尔：也许这不仅仅是贪婪的问题，还涉及渴望的问题。资本主义这种体系专门生产未曾出现过的渴望。有了全新的需求和渴望，人们就会创造出从前未被需要过的产品。

韩炳哲：伊娃·易洛思（Eva Illouz）[1] 将资本主义与浪漫派，与消费主义浪漫派联系起来。但我不清楚资本主义的浪漫体现在哪里。渴望针对的是不可能性，不可企及之物，它是不能被消费的。实际发生的情况正相反：渴望被摧毁了。如今谁有爱的渴望？连爱本身都是由可消费的感觉所构成。资本主义不断生产消费需求。我们不会对一部新的智能手机产生渴望。互联网本身并不是一个渴望的空间。

奥斯特迈尔：您在书中写道，资本主义不是宗教，因为它不满足免责和赎罪的需求。

1　社会学家，希伯来大学、法国社会科学高等学院教授。

韩炳哲：是的，我的确这样说过。这主要针对的是瓦尔特·本雅明的理论。他认为资本主义是一种不能涤罪，反而只能导致负债的祭礼。但是免责和赎罪属于宗教的本质，没有救赎就不构成宗教。资本主义只产生负债。人类可能是因为不自由而负债累累。一旦人是自由的，他势必就得行动。人们指出自己的罪责或负债，以避免不得不采取行动。把资本主义与救赎的可能性联系起来的还有马克斯·韦伯。

奥斯特迈尔：什么是资本主义的救赎？

韩炳哲：不是每个人都是被神选定之人，而且你也不知道自己是否属于被选中者。如果我获得成功，我积累了资本，那么我就是上帝的选民。

奥斯特迈尔：加尔文主义……但资本主义不承诺来世的救赎，救赎只在现世。

韩炳哲：如果我每年赚 1000 万欧元，这就是一个崇高（das Erhaben）的维度。

奥斯特迈尔：但不是救赎性的。

韩炳哲：救赎的假象。当我拥有了巨大财富后，就会产生无所不能和永生不死的幻觉。财富（Vermögen）——多美妙的词。财富无限意味着能力无限；比较之下，有限性相形见绌。何以救赎？这种幻觉必定足够强大了。这里面有个高度神学的维度，它与物质贪婪无关。在资本主义中隐藏着死亡驱力的多重面向。我们的破坏力有多强？——大家都清楚：今天的一切，出生即死亡。

奥斯特迈尔：那我们换个角度，谈谈爱吧。如今剧场正面临巨大的危机，因为我们无法在舞台上讲述感觉（Gefühle）。

韩炳哲：为什么一出戏一定要表达感觉呢？

奥斯特迈尔：因为要描述各种情绪（Emotionen）。

韩炳哲：如果您能够描述一个情境，那么情绪就会出现，进而产生感觉。我不带任何情绪地扮演一个角色，做个手势，观众就可能会被吸引。我创造一个角色、一个手势的同时，就会产生叙事。叙事创造感觉。如果叙事试图直接表达感觉，那么结果就会变成色情，正如博托·施特劳斯（Botho Strauß）的批评：今天的剧场缺乏情欲，上演的尽是色情戏；演员都是精神病患者。在他看来，剧场已经发生了根本性的退化。

奥斯特迈尔：那应该讲述什么呢？

韩炳哲：情节（Handlung）！

奥斯特迈尔： 当然。不过也有那样的片刻，情节带给观众某种情绪体验，用一个非常古老的术语来说就是 Katharsis（净化）：情节将观众带入了一个可以在情绪上净化自己的时刻。

韩炳哲： 感觉总是被编码的。在剧场中，群体总是在确认代码，早在 18 世纪情况便已如此。感觉产生在这套编码中，是对编码的确认。

博赫迈尔： 也许我们不该如此执着于感觉的叙述，因为感觉并不是被当作戏剧主题来叙述的；感觉是戏剧的内驱力。

韩炳哲： 这倒是很有意思！

博赫迈尔： 感觉并不构成情节本身。否则，当你拍一部关于感觉的戏，一部关于爱的戏，无论阐释还是展示爱，一切很快便会以色情戏告终。但是，自古希腊悲剧以来，感觉始终是戏剧情节的驱力。在《安提戈涅》中，感觉可能不是主题，但确是驱力。

奥斯特迈尔： 人物的当下定位和他期许的自我定位之间的差异总是行动（Handeln）的原动力。这就是一个戏剧人物开始行动的原因。

博赫迈尔： 根据亚里士多德的理论，行动会引发恐惧和同情。但这又回到了情绪的范畴。

韩炳哲： 奥斯特迈尔先生，您刚刚说，当今剧场的危机在于难以讲述感觉。为什么今天会有这样的危机？从前的情况不同吗？

奥斯特迈尔： 从前不一样。那时候人们并不厌恶感觉，感觉是存在的，而且有与之相对应的话语。但是今天，正如您在书中所述，我们失去了他者，所以爱欲也离我们而去。

韩炳哲： 人们如今厌恶感觉？为什么？

奥斯特迈尔： 至少在剧场如此。同情、悲哀、共鸣、爱慕、奉献等感觉是令人反感的……

博赫迈尔： ……至少不要毫无节制地表达这些感觉……

奥斯特迈尔： 我去看戏的时候，舞台上传达给我的基本情绪往往是攻击性——正面攻击。我总是自问：为什么这个人不断地对我吼叫？我没有对他做任何事情。

韩炳哲： 我懂……最近我刚在剧场看过戏，实在太吵了。它给我带来压迫感，极度不适。中场休息时我就离开了。我希望戏剧演出能安静下来，只有轻声低语。为什么人们要在舞台上高声喊叫呢？

奥斯特迈尔： 我也经常问自己同样的问题。这难道只是表示我们不再有乐器可用吗？造成这一现象的原因并不是剧场陷入危机，而是因为剧场能够忠实映照出它所处的现实社会。一个只会咆哮的社会，就会产生只会吼叫的剧场；一个寂静无声的社会，可能就不再需要剧场了。对于感觉危机的问题，是否有个可能的解释呢？

韩炳哲： 您需要先从明确概念开始。感觉与情绪是完全不同的东西。感觉和情感（Affekt）也截然不同。您提出的问题在概念上存在模糊性。我们的讨论需要以明确的概念界定为前提。您可以说美感，但没有"美情绪"或"美情感"这样的词。仅从短语构成上就可以推断出感觉和情感之间的巨大差异。比如踢球时的球感，难道是对球的情感？或球的情绪？（笑）再比如语感，也是同样的道理。感觉是一种状态或能力，是静态的。然而情绪始终是对情感的触动（émouvoir），所以情绪可以引发行动。我们可以这样说：由于情感过盛，我们正处于感觉危机之中。您刚才问，人们为什么要在舞台上喊叫？他们的表演基于情感，而不是感觉。感觉是主体间性的。感觉促成共同体（Gemeinschaft）的形成，这意味着它具有社会性。情感可以是非常反社会的，是单一或孤立的。

奥斯特迈尔：愤怒是情感还是感觉？

韩炳哲：这要看具体的语境。我们无法歌唱某种情感。歌唱是诉说感觉。戏剧演出就是在歌唱。歌唱需要叙事结构，需要一个叙事空间。因此，愤怒是情感还是感觉的问题取决于人们对愤怒的理解。《伊利亚特》的开篇之词"愤怒"（menin）就是个例子。

博赫迈尔：愤怒的故事。"歌唱愤怒吧，女神……"

韩炳哲：欧洲文化的第一部戏剧是从愤怒开始的，"愤怒"，歌唱愤怒。这种可以被唱出的愤怒不是单纯的情感，而是整个集体所承载的东西，它引发了整个情节。

博赫迈尔：所叙述的愤怒超越了阿喀琉斯的个人愤怒……

韩炳哲：当然！

博赫迈尔：……这对整个社会体系，甚至对众神的世界都提出了质疑，因为《伊利亚特》从头至尾讲述的都是特洛伊战争的故事。整部戏以阿喀琉斯的愤怒开始，一旦愤怒平息，戏也就结束了。因此，这种愤怒的感觉是戏剧性的感觉。

韩炳哲：这种愤怒可以被唱出来，也就是说，它是可被讲述出来的。但"如何讲述感觉"并不是这部戏的问题所在。整部戏都在讲述一种感觉——愤怒。只有把感觉和情感区分开来，才能理解感觉的危机。产生感觉的前提是，你必须开放一个共鸣空间。情感则是另一回事，它们就像子弹，会自寻弹道。情感无法开辟空间。

奥斯特迈尔：据您对思想史的了解，您认为是否有某些感觉正在消失，而另一些感觉正在扩散？或者我们是否可以认为，感觉在不断萎缩，情感在逐渐膨胀？

韩炳哲：我认为感觉是无法消费的空间（Räumlichkeiten），但情绪和情感是可以被消费的。

奥斯特迈尔：（低声说）感觉也是！

韩炳哲：感觉是不能消费的。你不可能消费悲哀，你没法从悲哀中赚钱。当今社会有"愤怒的公民"（Wutbürger）[1]和各种不满的声浪。但这些是愤怒（Zorn）吗？愤怒是可以被唱出来的。气愤（Empörung）无法被歌唱，它就是"狗屎风暴"（Shitstorm）。愤怒是主观的、孤立的东西。

1　指基本由中产阶层构成的、对政治不满的群体。该词是德国 2010 年年度词汇。

奥斯特迈尔： 那西班牙的愤怒者运动呢？

韩炳哲： 不只他们，实际上整个占领运动都是失败的。

奥斯特迈尔： 为什么？

韩炳哲： 这个系统把人拆散，使人孤立。在一个人人各自为政的系统中如何形成"我们"？一切都是仓促易逝的。

奥斯特迈尔： 但与此同时我们总是听到，今天的企业如何营造家庭般的感觉。企业试图让员工建立情感依附，以便充分剥削他们。……以前的工人知道：老板在剥削我，但我别无选择，因为我得养活五个孩子。但是现在出现了一种新情况——自我剥削，也就是您在《倦怠社会》中描述的现象。一旦我说"我的企业，我工作的地方是我的家，我的归属，我得到情感关怀的地方"，就意味着自我剥削已经开始了。

韩炳哲： 资本主义对感觉加以充分利用。如果我理性地购物，我不会买很多东西。只有充分调动情绪，才能创造更多的需求。

博赫迈尔： 情绪还是感觉？

韩炳哲： 情绪！情绪是一种驱使我去追求某样东西的动因。情绪是极不稳定的，而理性非常稳定。我会坚持自己的信念，但情绪会波动。为了创造消费和需求，资本主义需要的不仅仅是理性，所以资本主义发现了情绪在消费方面的作用。广告必须激发人的情绪，大家才会购买，才会进行超出理性需求的消费。情绪在管理方面的力量也被发掘。由于情绪导向的作用更为强大，因此有利于进行更为全面彻底的剥削。有种自由感叫作"你不是在为别人工作，而是在优化自我，筹划自我……"，这种感觉与"我是家庭的一分子，我在成长发展"的逻辑没有区别。

奥斯特迈尔：……"我在完成一个项目"……

韩炳哲：……积极主动的行动……并且是发自内心的。这显然比他人剥削高效得多。情绪会产生内在的羁绊，这比外在的枷锁更可怕。

奥斯特迈尔：以牺牲感觉为代价的情感过盛。我们是否可以大胆地提出这样的论点，正如您刚刚暗示过的：如果我们与共同体渐行渐远，我们也将失去感觉？

韩炳哲：博托·施特劳斯说过："前一刻我们听到的还是清脆的、少女般的歌咏之声（Ton），而下一秒，一个突然的间隔（Intervall）之后，声音变得带有喉音，近乎尖锐刺耳，有时甚至粗俗无比。这种音区（Stimmlage）的快速切换不是在耍花腔，而是强化了对话关系。这是一种想了解他者，与他者在一起的愿望。"对博托·施特劳斯来说，剧场是一个对话空间，只有在这样的空间里才会有爱欲，才能靠近他者。

奥斯特迈尔：这是我过去两年进行戏剧排演的主要课题。之所以认识到这个问题，是因为我对表演感到极度失望，我说"不要再从自身制造感觉了"。过去的舞台上有对他者的注视。我不清楚演员的表演是否真的基于相互交流，至少他们眼里有对方，他们有一套美学准则。……他们试图感受其他演员所感，试图理解或说服他们。在如今的导演剧场艺术中，基本的审美共识是："在舞台前沿，看着观众，吼叫。"剧场史上曾经的革命性行为变成了美学上乏味、空洞的姿态，因为它成了对旧模式的不断重复，而不再是革命性的。

韩炳哲：如果要谈感觉，首先要学会互动的表演。人与人之间有交流互动，就会产生叙事。

奥斯特迈尔：这正是我在排演中所做的。我告诉演员们：不要再像工匠一样去思考和对待你的工作！这是角色，现在我要用我的工具把它描绘出来。

韩炳哲：剧场变得很吵闹。在日本的剧场里我觉得很舒服，能剧、歌舞伎剧场，都不会带来压迫感。我也喜欢去电影院。但是看舞台剧的时候，表演者令我备受折磨。（笑）

奥斯特迈尔：因为他们只剩下一种感觉，就是要刺激你。这很愚蠢。剧场的吵闹表明社会已经失去了感觉这种群体现象（Gemeinschaftsphänomen）。但是我们仍然想要在剧场中激发出感觉，于是我们就拿情感做文章，以达到挑衅的目的。

韩炳哲：挑衅？

奥斯特迈尔：是的，我们的情感会在观众中激起某种情绪。

韩炳哲：情感是不能产生感觉的。

奥斯特迈尔：不，其实是反作用。情感激起的正是您刚才提到的：它太吵闹了！那是您的反应。而这个反应不过是一种情感，对吗？

韩炳哲：不，它很吵，这不是叙事上的张力。

奥斯特迈尔：叙事张力已经变得声名狼藉！

韩炳哲：只有叙事张力才能引发感觉。

奥斯特迈尔：但是在"后戏剧"（Postdramatik）主导的

剧场文化中，这该如何操作呢？

韩炳哲："后戏剧"是什么意思？

博赫迈尔：情境取代情节……

奥斯特迈尔："后戏剧"的意思是：在一个叙事已变得不可能的世界里，我不再能识别表演的主体，因此我也无法再构建戏剧情节。我对世界的体验完全是混乱的，我不知道谁对所发生的事情负责。我要反映这样的世界，就只能以后戏剧的方式来呈现。

韩炳哲：但可以另辟蹊径。

奥斯特迈尔：我现在做的剧场就是为了另辟新路而进行的绝望尝试。

韩炳哲：但我们不应该重复早已不存在的东西，而应该创造新的叙事形式。

奥斯特迈尔：这种形式是戏剧性的。叙事的张力产生感觉。但要做到这一点，我需要戏剧性的情节。

韩炳哲：我不清楚叙事是否一定要是戏剧性的。

奥斯特迈尔：不一定。小说的叙事也不总是戏剧性的。

博赫迈尔：没错，也许我们的讨论需要超越戏剧的范畴。您在《爱欲之死》（*Agonie des Eros*）中写道："如今，爱被当成一种享受的形式而被肯定化了。首先，它必须制造出愉悦感觉，不应有情节、故事或者带有戏剧性，而应该是一种连续不断的情绪和刺激。"[1] 到目前为止，我们借由剧场探讨了这个问题，但这似乎只是对当今社会的一种反映。

韩炳哲： 爱也是戏剧情节。如今，爱只是由各种愉悦的、可消费的感觉构成的活动。忠诚不是情绪，而是行动，是决断（Entschlossenheit）。忠诚使偶然变成命运。它成就永恒。

奥斯特迈尔： 如今大多数人认为爱就是泡泡浴。

韩炳哲： 情感的过山车。这就是为什么人们不断地更换伴侣，因为人们渴望新的情感、新的情感体验。因此，爱失去了稳固性。

奥斯特迈尔： 您如何解释通过不断更换伴侣获得情感满足的问题？

韩炳哲： 当爱不再有情节，后果就会如此。在法国哲学家安德烈·高兹（André Gorz）的《致 D 情史》（*Brief an D.: Geschichte einer Liebe*）中，他给妻子的一封信里是这样表达

1　译文参照韩炳哲：《爱欲之死》，宋娀译，中信出版社，2019 年，第 29 页。

忠诚的："你85岁了，身高缩短了5厘米，体重只有40公斤，但你依然令我心动，一如往昔。"[1]这种忠诚是有情节的。忠诚没有那么简单，它不是一种感觉。

奥斯特迈尔：但还是会有情感因素的影响，比如，"哦，天哪，我怎么知道这个人就是我爱的人，是要与我共度一生、一起书写爱与忠诚的情节的那个人？"

韩炳哲：如今，我们生活在一个丧失了情节的社会中。在一个情感过盛的社会里，行动变得不可能。或许资本主义和新自由主义的生产方式是造成一夫多妻制或这个"多情"社会——一种可怕的表达方式——的原因。我们的选择被最大限度地扩大了，包括情感选择。经济生产方式也体现在了爱的层面。

博赫迈尔：您在《爱欲之死》中写到，他者正在消失。这该如何理解？

韩炳哲：我们以自由之名消除了他者，消除了他者的否定性。我们以自由之名消除了一切主人能指（Herrensig-

---

1 原文为："很快你就82岁了。身高缩短了6厘米，体重只有45公斤，但是你一如既往的美丽、幽雅、令我心动。"见安德烈·高兹：《致D情史》，袁筱一译，南京大学出版社，2010年，第3页。

nifikant），比如上帝或阳具。我讲一个日本艺术家的故事：他切下了自己的阴茎……他想要自由，不受性别牵制，包容任何身份。对这种绝对自由的追求是会付出代价的：迷失方向，关系松脱。我们没有了面对（Gegenüber），失去了他者。我们面对的只是自己。

奥斯特迈尔：您从前就已经谈过忠诚的问题。为什么您认为在我们的社会里这是个普遍存在的问题？

韩炳哲：忠诚和生产是互斥的。不忠诚才能对增长和生产起促进作用。但我想回到剧场的话题。对您来说，未来的剧场是一个不受经济胁迫的地方。我对未来的剧场也有一个设想，它应该是一个安静的剧场。也许我们是同一个意思。资本主义不喜欢安静。

注　释

[1] 阿图尔·施尼茨勒（Arthur Schnitzler）：《箴言与思考》（*Aphorismen und Betrachtungen*），法兰克福，1967 年，第 177 页以下。

[2] 西格蒙德·弗洛伊德（Sigmund Freud）：《文明及其不满：文化理论文集》（*Das Unbehagen in der Kultur. Und andere kulturtheoretische Schriften*），法兰克福，1994 年，第 76 页。

[3] 贝尔纳·马里斯、吉尔斯·多斯塔勒（Bernard Maris, Gilles Dostaler）：《资本主义和死亡驱力》（*Capitalisme et pulsion de mort*），巴黎，2010 年，第 9 页。

[4] 西格蒙德·弗洛伊德：《超越唯乐原则》（"Jenseits des Lustprinzips"），见《无意识心理学（研究版）》（*Psychologie des Unbewussten. Studienausgabe*），第 3 卷，法兰克福，1989 年，第 248 页。

[5] 同上书，第 249 页。

[6] 同上。

[7] 西格蒙德·弗洛伊德：《文明及其不满：文化理论文集》，第 83 页。

[8] 同上书，第 82 页。

[9] 同上书，第 85 页。

[10] 西格蒙德·弗洛伊德：《超越唯乐原则》，第 249 页。

[11] 参阅路易吉·迪马奇（Luigi De Marchi）：《原始冲击：我们 的精神、文化和死亡》（*Der Urschock. Unsere Psyche, die Kultur und der Tod*），达姆施塔特，1988 年。

[12] 格奥尔格·鲍德勒（Georg Baudler）：《暴力的原罪》（*Ursünde Gewalt. Das Ringen um Gewaltfreiheit*），杜塞尔多夫， 2001 年，第 116 页。

[13] 克里希尔·汉迪（E. S. Craighill Handy）：《波利尼西亚的宗 教》（*Polynesian Religion*），火奴鲁鲁，1927 年，第 31 页。转 引自埃利亚斯·卡内蒂（Elias Canetti）：《群众与权力》（*Masse und Macht*），汉堡，1984 年，第 287 页以下。

[14] 让·鲍德里亚（Jean Baudrillard）：《象征交换与死亡》（*Der symbolische Tausch und der Tod*），柏林，2011 年，第 228 页。

[15] 埃里希·弗洛姆（Erich Fromm）：《人类的破坏性分析》 （*Anatomie der menschlichen Destruktivität*），赖恩贝克，1977 年，第 394 页。

[16] 让·鲍德里亚：《象征交换与死亡》，第 324 页。

[17] 同上书，第 79 页。

[18] 诺曼·布朗（Norman O. Brown）：《生死抗争》（*Life against death*）。引自德译本《爱欲指示的未来》（*Zukunft im Zeichen des Eros*），普富林根，1962 年，351 页。

[19] 乔治·巴塔耶（Georges Bataille）:《色情》（*Die Erotik*），慕尼黑，1994 年，第 234 页。

[20] 同上书，第 13 页。

[21] 让·鲍德里亚:《象征交换与死亡》，第 282 页。

[22] 西奥多·阿多诺（Theodor W. Adorno）:《哲学术语》（*Philosophische Terminologie*），法兰克福，1974 年，第 2 卷，第 181 页以下。

[23] 西奥多·阿多诺:《最低限度的道德：对受损生活的反思》（*Minima Moralia. Reflexionen aus dem beschädigten Leben*），法兰克福，1951 年，第 96 页。

[24] 西格蒙德·弗洛伊德:《文明及其不满：文化理论文集》，第 160 页以下。

附录　韩炳哲著作年谱

Heideggers Herz. Zum Begriff der Stimmung bei Martin Heidegger.

Wilhelm Fink, Paderborn 1996.

《海德格尔之心：论马丁·海德格尔的情绪概念》

Todesarten. Philosophische Untersuchungen zum Tod.

Wilhelm Fink, Paderborn 1998.

《死亡模式：对死亡的哲学研究》

Martin Heidegger. Eine Einführung.

UTB, Stuttgart 1999.

《马丁·海德格尔导论》

Tod und Alterität.

Wilhelm Fink, Paderborn 2002.

《死亡与变化》

Philosophie des Zen-Buddhismus.

Reclam, Stuttgart 2002.

《禅宗哲学》（陈曦译，中信出版社，2023 年）

Hyperkulturalität. Kultur und Globalisierung.

Merve, Berlin 2005.

《超文化：文化与全球化》（关玉红译，中信出版社，2023 年）

Was ist Macht?

Reclam, Stuttgart 2005.

《什么是权力？》（王一力译，中信出版社，2023 年）

Hegel und die Macht. Ein Versuch über die Freundlichkeit.

Wilhelm Fink, Paderborn 2005.

《黑格尔与权力：通过友善的尝试》

Gute Unterhaltung. Eine Dekonstruktion der abendländischen Passionsgeschichte.

Vorwerk 8, Berlin 2006; Matthes & Seitz, Berlin 2017.

《娱乐何为：西方受难史之解构》（关玉红译，中信出版社，2019 年）

Abwesen. Zur Kultur und Philosophie des Fernen Ostens.

Merve, Berlin 2007.

《不在场：东亚文化与哲学》（吴琼译，中信出版社，2023 年）

Duft der Zeit. Ein philosophischer Essay zur Kunst des Verweilens.

Transcript, Bielefeld 2009; 2015.

《时间的香气：驻留的艺术》（吴琼译，中信出版社，2023 年，即将出版）

Müdigkeitsgesellschaft.

Matthes & Seitz, Berlin 2010; 2016.

《倦怠社会》（王一力译，中信出版社，2019 年）

Shanzhai. Dekonstruktion auf Chinesisch.

Merve, Berlin 2011.

《山寨：中国式解构》（程巍译，中信出版社，2023 年）

Topologie der Gewalt.

Matthes & Seitz, Berlin 2011.

《暴力拓扑学》（安尼、马琰译，中信出版社，2019 年）

Transparenzgesellschaft.

Matthes & Seitz, Berlin 2012.

《透明社会》（吴琼译，中信出版社，2019 年）

Agonie des Eros.

Matthes & Seitz, Berlin 2012.

《爱欲之死》（宋娥译，中信出版社，2019 年）

Bitte Augen schließen. Auf der Suche nach einer anderen Zeit.

Matthes & Seitz, Berlin 2013.

《请闭上眼睛：寻找另一个时代》

Im Schwarm. Ansichten des Digitalen.

Matthes & Seitz, Berlin 2013.

《在群中：数字景观》（程巍译，中信出版社，2019 年）

Digitale Rationalität und das Ende des kommunikativen Handelns.
Matthes & Seitz, Berlin 2013.
《数字理性和交往行为的终结》

Psychopolitik: Neoliberalismus und die neuen Machttechniken.
S. Fischer, Frankfurt 2014.
《精神政治学：新自由主义与新权力技术》（关玉红译，中信出版社,2019 年）

Die Errettung des Schönen.
S. Fischer, Frankfurt 2015.
《美的救赎》（关玉红译，中信出版社，2019 年）

Die Austreibung des Anderen: Gesellschaft, Wahrnehmung und Kommunikation heute.
S. Fischer, Berlin 2016.
《他者的消失：现代社会、感知与交际》（吴琼译，中信出版社，2019 年）

Close-Up in Unschärfe. Bericht über einige Glückserfahrungen.
Merve, Berlin 2016.
《模糊中的特写：幸福经验报告》

Lob der Erde. Eine Reise in den Garten.
Ullstein, Berlin 2018.
《大地颂歌：花园之旅》（关玉红译，孙英宝插图，中信出版社，2023 年，
即将出版）

Vom Verschwinden der Rituale. Eine Topologie der Gegenwart.
Ullstein, Berlin 2019.
《仪式的消失：当下的世界》（安尼译，中信出版社，2023 年）

Kapitalismus und Todestrieb. Essays und Gespräche.
Matthes & Seitz, Berlin 2019.
《资本主义与死亡驱力》（李明瑶译，中信出版社，2023 年）

Palliativgesellschaft. Schmerz heute.
Matthes & Seitz, Berlin 2020.
《妥协社会：今日之痛》（吴琼译，中信出版社，2023 年）

Undinge: Umbrüche der Lebenswelt.
Ullstein, Berlin 2021.
《非物：生活世界的变革》（谢晓川译，东方出版中心，2023 年）

Infokratie. Digitalisierung und die Krise der Demokratie.
Matthes & Seitz, Berlin 2021.
《信息统治：数字化与民主危机》

Vita contemplativa: oder von der Untätigkeit.
Ullstein, Berlin 2022.
《沉思的生活，或无所事事》（陈曦译，中信出版社，2023 年）

Die Krise der Narration.
Matthes & Seitz, Berlin 2023.
《叙事的危机》（李明瑶译，中信出版社，2023 年，即将出版）